青春サプリ。

心が元気になる、5つの部活ストーリー

——自分を変えてくれる場所

安藤隆人・菊地高弘
氏原英明 文／くじょう 絵

ポプラ社

STORY.4

STORY.5

Contents
—目次—

この本に収録《しゅうろく》されているストーリーは、
すべて実話《じつわ》です。

STORY. 1

見えない壁《かべ》を越《こ》えて

山口《やま》口《ぐち》市《し》立《りつ》鴻《こう》南《なん》中学校 サッカー部

山口県山口市

久保裕也 | Kubo Yuya

鴻南《こうなん》中学校サッカー部の選手。チームの中でも中心的な存在。

松野下真 | Matsunoshita Makoto

鴻南《こうなん》中学校サッカー部を指導《しどう》している。

原川力 | Harakawa Riki

鴻南《こうなん》中学校の生徒で、サッカークラブのジュニアユースチームに所属《しょぞく》している。

比《ひ》較《かく》してしまうこと

小学生、中学生、高校生年代において日本のサッカーチームは、学校の部活動と、プロサッカーリーグであるJリーグに所属《しょぞく》するクラブの下部組織《そしき》（ジュニア、ジュニアユース、ユース）、そしてJリーグに所属《しょぞく》しない街クラブの大きく分けて3種類が存在《そんざい》する。

イメージ的には、Jリーグのクラブの下部組織《そしき》には多くの優秀《ゆうしゅう》なタレントが集まり、それがジュニア、ジュニアユース、ユースと上がっていくにつれて、より選ばれた選手の集まりになっていく。強豪《きょうごう》とされる街クラブも同様だ。

それに対し、学校の部活はどうしても実力的に格下《かくした》になってしまう。もちろん強《きょう》豪《ごう》高校と中高一貫《いっかん》でやっている中学校の部活では、学校の部活でもかなりの実力を持っているチームがいる。

だが、それが地域《ちいき》にある公立学校だと、Jリーグクラブの下部組織《そしき》から比《くら》べると、

下部組織《そしき》（ジュニア、ジュニアユース、ユース）
Jリーグに所属《しょぞく》するクラブはトップチームのほかに育成組織《そしき》としてのチームを保有《ほゆう》する。ジュニアは小学3〜6年生世代、ジュニアユースは中学生世代、ユースは高校生世代を指す。

タレント
英語で「才能《さいのう》」という意味。すぐれた才能《さいのう》を持つ選手を指す。

大きな差が生まれてしまう。
これは中学生時代、同じ公立中学校に通いながらも、強豪《きょうごう》街クラブと公立中学校のサッカー部という、それぞれの立場にあった2人のサッカー選手の物語。

2020年、アメリカのメジャーリーグサッカーに所属するFCシンシナティでプレーするフォワードの久保《くぼ》裕也《ゆうや》と、サガン鳥栖《とす》でプレーするミッドフィールダーの原川力《はらかわりき》。
山口県にある山口市立鴻南《こうなん》中学校で同級生だった2人は、卒業後ともに故郷《こきょう》から遠く離《はな》れた京都サンガF.C.U―18に進む。そこでプロサッカー選手を目指して切磋琢磨《せっさたくま》した後、2012年に京都サンガF.C.でプロサッカー選手になった。
その後、久保《くぼ》は2013年にスイス1部リーグの強豪《きょうごう》・BSCヤングボーイズに渡《わた》ると、日本代表としてFIFA《フィファ》ワールドカップ・アジア最終予選に出場。
その一方で、原川は2017年に川崎《かわさき》フロンターレを経《へ》て、サガン鳥栖《とす》に移籍《いせき》。2016年にはリオデジャネイロオリンピックに出場するU―23日本代表メンバー

フォワード
サッカーにおけるポジションの1つで得点《とくてん》を取ることを主な役割《やくわり》とする。

サガン鳥栖《とす》
ホームタウンは佐賀県鳥栖市《とすし》で1999年にJリーグへ加盟《かめい》。

ミッドフィールダー
サッカーにおけるポジションの1つで攻撃陣《こうげきじん》と守備陣《しゅびじん》をつなぐことを主な役割《やくわり》とする。

京都サンガF.C.
ホームタウンは京都府京都市などで1996年にJリーグへ加盟《かめい》。

BSCヤングボーイズ
スイスの首都ベルンをホームタウンにしているサッカークラブ。

に選ばれ、1試合出場を果たした。

ともにプロの第一線で活躍《かつやく》することとなった2人は、幼《おさな》なじみで大の仲良し。だが、中学校の3年間はそれぞれ立場が異《こと》なり、それによって時として関係性《かんけいせい》の難《むずか》しさをもたらしてしまったが、サッカーという共通点が2人の間をつなぎ止めた。

小学校時代、山口県のサッカー界では久保《くぼ》よりも原川の方が有名な選手だった。原川は地元の強豪《きょうごう》クラブチームであるレオーネ山口ジュニア（現《げん》・J2リーグに所《しょ》属《ぞく》するレノファ山口FCアカデミー）でサッカーを始め、久保《くぼ》はFC山口というクラブチームに所属《しょぞく》をしていた。

レオーネ山口ジュニアに通っていると言えば、当時の小学生の中でも大きなブランドだった。

そして、家も近かった2人は同じ学区にある鴻南《こうなん》中学校に進学した。一見、これで2人はチームメイトになったように見えるが、2人はチームメイトではなかった。

原川は鴻南《こうなん》中学校サッカー部に入部せず、レオーネ山口ジュニアユース（現《げん》・レ

川崎フロンターレ
ホームタウンは神奈川県川崎市で1999年にJリーグへ加盟《かめい》した。

リオデジャネイロオリンピック
2016年にブラジルのリオデジャネイロで開催《かいさい》された。日本はグループリーグ敗退《はいたい》。

U－23日本代表
1992年のバルセロナオリンピックから男子サッカーの出場選手は23歳《さい》以下という規定《きてい》が導入《どうにゅう》され、オリンピック開催《かいさい》年に23歳《さい》の誕生日《たんじょうび》を迎《むか》える選手までが対象《たいしょう》となる。

アカデミー
クラブが運営《うんえい》する育成組織《そしき》。

ノファ山口FCU―15）に入ってサッカーを続けた。サッカー部に入部した久保《くぼ》とは、同じ学校に通いながらも、サッカーをする場所が違《ちが》うという状況《じょうきょう》だった。

鴻南《こうなん》中学校サッカー部の監督《かんとく》であった松野下真《まつのしたまこと》先生は、小学6年生の時に久保《くぼ》のプレーを見て、驚《おどろ》きを覚えていた。小学6年生ながら体が強く、ボールも両足できちんと蹴《け》ることができて、ヘッドも強い。松野下先生はすぐに久保《くぼ》をおもしろい選手だと思った。

それでも久保《くぼ》は決して飛び抜《ぬ》けた存在《そんざい》ではなかった。実は当時の山口県の久保《くぼ》、原川の世代は彼《かれ》らの他にも多くの優秀《ゆうしゅう》なタレントがそろっており、中でもレオーネ山口ジュニアユースは県内でも飛び抜《ぬ》けた名門中の名門クラブで、そこでそういった優秀《ゆうしゅう》な選手たちの多くがプレーしていたのだ。

今でこそ山口県にはJ2リーグに加盟《かめい》するレノファ山口FCというプロクラブがあり、レオーネ山口ジュニアユースがレノファ山口FCU―15として下部組織化《そしきか》しているが、かつて山口県のサッカークラブはJリーグに所属《しょぞく》していなかった。しか

ヘッド
頭でボールをあつかうこと。ヘッディング。

レノファ山口FC
山口県全19市町をホームタウンとして2014年にJ3に入会、2015年にJ3を優勝《ゆうしょう》してJ2に昇格《しょうかく》した。

し、レオーネ山口は全国でも強豪《きょうごう》クラブで、つまり言うなればレオーネ山口ジュニア、ジュニアユースと進んだ原川は「エリート中のエリート」で、ふつうの中学校の部活に進んだ久保《くぼ》は「雑草《ざっそう》」といえる存在《そんざい》だった。

エリートと雑草《ざっそう》。同じ中学校に通いながらも、学校が終われば、別々《べつべつ》の場所で練習をする。エリート側からすれば、中学校学の部活でプレーする選手は下と見てしまう可能性《かのうせい》を持ち、逆《ぎゃく》に中学校の部活でプレーする側からすれば、レオーネでプレーする選手は上と見てしまう可能性《かのうせい》がある。時にこれが人間関係をギクシャクさせたり、優越感《ゆうえつかん》と劣等感《れっとうかん》を生み出してしまうこともあるのだ。

原川と久保《くぼ》は決して仲が悪いわけではなかった。しかし、接《せっ》する機会が少なかったことで、2人は中学校入学当初はそこまで密《みっ》に過《す》ごす仲ではなかった。

それは久保《くぼ》と原川だけの関係性《かんけいせい》にかかわらず、鴻南《こうなん》中学校に通いながらレオーネ山口でプレーする選手と、鴻南《こうなん》中学校サッカー部でプレーする選手にも当てはまり、そこには「見えない壁《かべ》」が存在《そんざい》していた。もちろん個人的《こじんてき》に仲がいい友達は、それぞれにはいたが、全体的にお互《たが》いの距離《きょり》は遠ざかっていた。

18

ただ、久保《くぼ》には2歳《さい》上の兄がおり、その1学年上に原川の兄がいた。この2人はともに鴻南《こうなん》中学校サッカー部でプレーし、彼《かれ》らの代で全国中学校サッカー大会に出場したこともあって、兄どうしはお互《たが》いを知っている存在《そんざい》であった。だから鴻南《こうなん》中学校サッカー部を指導《しどう》していた松野下先生にとって、それぞれの弟である2人は小さなころからよく知る存在《そんざい》だった。

(久保《くぼ》はウチのサッカー部できたえれば、絶対《ぜったい》に面白い存在《そんざい》になるだろう)

そう思った松野下先生は、久保《くぼ》を3年間、徹底《てってい》してきたえることにした。全国大会出場が絶対《ぜったい》目標なのは当たり前。そして、絶対的《ぜったいてき》なエースストライカーにするために、久保《くぼ》に対して「鬼《おに》」であり続けた。

当時の鴻南《こうなん》中学校サッカー部は100人近い部員がいる大所帯だった。久保《くぼ》は1年生の時にベンチ入りを果たすと、2年生の時にはフォワードとしてレギュラーポジションをつかんだ。

すぐに久保《くぼ》はサッカー部の中で飛び抜《ぬ》けた存在《そんざい》になった。だが、松野下先生の目

全国中学校サッカー大会
毎年8月中下旬《げじゅん》ごろに行われる中学校のサッカー部チームによる全国大会。

には「俺《おれ》が、俺《おれ》が」という自己《じこ》中心的なところが強すぎるように見えた。

　レオーネ山口といったクラブチームと違《ちが》って、公立中学校のサッカー部には中学生からサッカーを始めたような素人《しろうと》同然の選手も当たり前のようにいる。強豪《きょうごう》私立《しりつ》中学校や強豪《きょうごう》クラブチームの１００人とは訳《わけ》が違《ちが》い、個々《ここ》のレベル格差《かくさ》も大きく、一定のレベルに達していない選手も数多くいた。

　それだけにもともと実力レベルが高い久保《くぼ》にとっては、この大きな格差《かくさ》は非常《ひじょう》にストレスだった。自分はできても周りはできない。例えば紅白戦《こうはくせん》や試合でいいタイミングで動き出したり、シュートを決められる場所にいるのにボールが来ない。パスを出してもミスをしてボールが返ってこない。相手の守備《しゅび》のレベルが高くないから、自分１人で突破《とっぱ》してシュートもできてしまう。しかも、松野下先生は久保《くぼ》を決して特別扱《あつか》いしなかった。他の選手と同様に接《せっ》し、逆《ぎゃく》に厳《きび》しい言葉をかけた。

「サッカーは１人でやるモノではなく、みんなでやるモノ」

　松野下先生の思いはこの言葉に表れていた。試合では当然、レギュラーとして選ばれた11人がプレーをする。それは、競争を勝ち抜《ぬ》いた選ばれた11人とも見えるが、裏《うら》を返せば多くの試合に出られない選手たちの代表というふうにも見える。試合に出ている選手が偉《えら》くて、出られない選手が偉《えら》くないのではなく、サッカーや部活動で大事なのは試合に出ている、出ていないに関係なく、全員で戦えているかが重要で、それが強いチームの証拠《しょうこ》でもある。

　そのためには11人に入れなかったベンチやそれ以外の選手にとって、「あいつならレギュラーであっても仕方がない」と納得《なっとく》できているかどうかが大事になる。「あいつらが俺《おれ》たちを代表して戦ってくれている」と思わないと、それはチームとは言えない。

　では、レギュラーの選手はどうしたら周りの選手にそう思わせることができるのだろうか。それはただ単にサッカーがうまいから、実力があるからではいけない。普段《ふだん》の練習から一生懸命《いっしょうけんめい》やるとか、誰《だれ》よりも努力することが大事なのだ。プレーだけではなく、上手《じょうず》ではない選手たちに声をかけて一緒《いっしょ》に盛《も》り上げるとか、練習前の準備《じゅんび》、片づけもしっかりやりながら、ピッチ外の学校生活においても率先《そっせん》してゴミ拾いをしたり、学校行事に参加したり。そんなふうにしっかりとした行動をとれ

ピッチ
サッカーでプレーの行なわれる範囲《はんい》のこと。フィールドともいう。

ば、周りも自然と認《みと》めてくれる。

それがもし、「俺《おれ》はお前らよりサッカーがうまい」とか、「俺《おれ》はレギュラーだ」と他の部員を下に見るようなことを言ったり、態度《たいど》をとったりすれば、「何でいばっているだけのあいつらが試合に出ているんだ」「あんな奴《やつ》らは応援《おうえん》できない」と周りが心の中で思うのは当然だ。そういう状況《じょうきょう》はチーム全体のやる気や一体感を失わせる大きな要因《よういん》となり、部活動においてふさわしくない。

うまい選手ほど、普段《ふだん》の練習、生活態度《たいど》から周りに認《みと》められることで、心身ともにチームのエースとなる。松野下先生は部員全員に「サッカーをやる前に、まず人であれ」と常《つね》に語りかけ、絶対的《ぜったいてき》エースである久保《くぼ》に対しても強く求めていた。

だが、2年生の時、松野下先生と久保《くぼ》は衝突《しょうとつ》をした。それはちょうど試合に出始めて間もない春のことだった。チームの中で突《つ》き抜《ぬ》けた存在《そんざい》になっていったことで、久保《くぼ》が周りを信頼《しんらい》しなくなり、試合に出れば出るほど、どんどん「俺《おれ》が、俺《おれ》が」がひどくなっていったのだった。

同時に周りが圧倒的《あっとうてき》な力を持つ久保《くぼ》に頼《たよ》ってしまったことも、彼《かれ》を助長する要因《よういん》となり、徐々《じょじょ》に彼《かれ》は「お山の大将《たいしょう》」になっていってしまったのだ。こうなってしまうと、練習にも集中できていない久保《くぼ》の姿《すがた》が松野下先生の目につくようになってしまった。

久保《くぼ》はもともと練習態度《たいど》が悪い選手では決してなかった。小さいころからサッカーが大好きで、大好きで、兄の後ろについて行ってはどこでもボールを蹴《け》っていた。中学校に入っても、彼《かれ》は練習に一番早くグラウンドに出て、1人で用具倉庫からボールを出して、ひたすらボールを蹴《け》り続け、練習中でも決して手を抜《ぬ》くことなく、一生懸命《いっしょうけんめい》に取り組む選手だった。

しかし、この時はあれほど一生懸命《いっしょうけんめい》に取り組んでいた練習に対し、「できちゃうから、多少力を抜《ぬ》いてもいいや」という雰囲気《ふんいき》が出始め、全体練習後も居残《いのこ》り練習をすることなく、すぐに着替《きが》えて帰ってしまうようになってしまった。

この時の久保《くぼ》の姿《すがた》は松野下先生の目にはやる気がなくなったというより、「こんなメンバーとこんな練習しかしていないから俺《おれ》は伸《の》びないんだ」というふうに思っているように映《うつ》った。そういったことを久保《くぼ》から直接《ちょくせつ》言われていたわけではなかったが、実際《じっさい》に松野下先生の耳には、周りの生徒に「練習が面白くない」とか、「こんな練習じゃうまくなれない」ともらしていたという話が入ってきていた。

根っこはサッカーに対して真摯《しんし》でまじめ。だが、徐々《じょじょ》に中学校のサッカー部は「自分が一番」という環境《かんきょう》になり始めて、ついには「周りが何も言えない絶対的《ぜったいてき》な存在《そんざい》」になってしまった。そして彼《かれ》の中ではこの環境《かんきょう》がストレスに変わっていったのだった。

しかも、同じ中学校に通うレオーネ山口の原川は、山口県を越《こ》えて、ナショナルトレセンにも選ばれるなど、どんどん有名になっていき、さらにサッカーがうまくなっているように久保《くぼ》の目には映《うつ》った。

このまま鴻南《こうなん》中学校サッカー部にいたら、原川たちとますます差が開いていってしまうんじゃないか。ここじゃこれ以上サッカー選手として成長しないのではないかと、自分がただの公立中学校のサッカー部にいることに疑問《ぎもん》を抱《いだ》くようになって

ナショナルトレセン
日本サッカー協会が、将来《しょうらい》の日本代表になれる可能性《かのうせい》のある選手たちを選抜《せんばつ》して、強化育成をする講習会《こうしゅうかい》のこと。

いったのだった。

心にこう疑念《ぎねん》を抱《いだ》き始めてしまったことで、久保《くぼ》は中学校のサッカー部の練習に臨《のぞ》むモチベーションがどんどん下がってしまい、練習に身が入らなくなってしまったのだった。

そしてしばらくしてから、久保《くぼ》は母親にこうもらしたという。

「サッカー部が面白くない。チームを移籍《いせき》したい。レオーネに行って、高いレベルで練習をしたいし、全国で活躍《かつやく》したい」

それを聞いた久保《くぼ》の母親がすぐに松野下先生に相談してきてくれたことで、松野下先生は久保《くぼ》の素直《すなお》な気持ちを理解《りかい》した。

「裕也《ゆうや》がそう思っても仕方がないと思う。でも、それを『はい、そうですか』と認《みと》めたら、裕也《ゆうや》のためにならない」

中学校のサッカー部でずば抜《ぬ》けていた久保《くぼ》の心の中に「俺《おれ》もレオーネでやりたい」という気持ちがさらに強くなっていったことはある意味、当たり前のことだった。やっぱり同じ中学生なのに、同じ校舎《こうしゃ》に通っているのに、レオーネに通って活《かつ》躍《やく》をする原川などの姿《すがた》に、焦《あせ》る気持ちがどんどん膨《ふく》らみ、「原川たちとサッカーをしたらもっとうまくなる」と思うのは仕方がないことでもあった。

松野下先生は久保《くぼ》の気持ちは痛《いた》いほどわかってはいたが、もしここでそれを認《みと》めてしまったら、久保《くぼ》がどの場所に行っても成長できないとも思っていた。

久保《くぼ》が「自分をきたえるために、どうしてもレオーネでやりたい」という強い想《おも》いを持っていればいいが、彼《かれ》の場合はあくまで「今の場所が嫌《いや》だ」とか、「面白くない」というネガティブな想《おも》いのほうが強くある。もしどうしてもレオーネでやりたいというのであれば、「サッカー部でやるべきことはすべてやった。だからこそ、次のステージへ行きたい」という前向きな強い想《おも》いがないといけないと思っていた。

仮《かり》にもしこの状況《じょうきょう》で久保《くぼ》がレオーネに行ったら、もしレオーネで嫌《いや》なことや納得《なっとく》のいかないことがあったら、すぐに「ここに来なければよかった」とか、「もう一度サッカー部に戻《もど》ろう」などの甘《あま》い考えに流されてしまう危険性《きけんせい》も十分にあった。それに久保《くぼ》がレオーネに行くことになったとしても、他のサッカー部員たちは誰《だれ》も快《こころよ》く送り出してくれないし、応援《おうえん》もしてくれないだろう。

何ごとも周りの環境《かんきょう》のせいにするのは簡単《かんたん》だが、それはその場しのぎの逃《に》げであり、強い意志《いし》と想《おも》いを持っていない人間は、どこに行ってもうまくならないし、成長しない。

それでは本人のためにもならない。仲間を大事にして、周りを支《ささ》え、支《ささ》えられる気持ちを持ってサッカーに打ち込《こ》んでもらいたい。そしてここでしっかり自分と向き合ってサッカーをし、他の部員たちとともに努力をすれば、何事も途中《とちゅう》で投げ出すような人間にはならなくなる。

松野下先生はここまで久保《くぼ》のことを考えていたのだった。

ここは絶対《ぜったい》に妥協《だきょう》してはいけないと思った松野下先生は、ある日の練習後に久保《くぼ》を呼《よ》び寄《よ》せた。グラウンドの脇《わき》で2人きりになると、松野下先生は真剣《しんけん》な表情《ひょうじょう》でこう伝えた。

「お前がレオーネに行きたいんだったら、別に移《うつ》ってもらってもかまわんぞ。でもな、お前自身が常《つね》にマックスの力でサッカーに打ち込《こ》んでいるかといえば、正直俺《おれ》にはそうは見えない。お前の兄は俺《おれ》が見て来た中で、選手としても人間としても一番のサッカー選手だったぞ。誰《だれ》よりも先にグラウンドに来て、ボールを蹴《け》って準備《じゅんび》をして、きちんと後片づけをする。それを3年間ずっと絶《た》え間なく続けていたからこそ、周りからも信頼《しんらい》をされていたし、お前の兄の代は全国大会に出ることができたんだ。じゃあ、お前はどうだ？　兄の背中《せなか》を見て、追いつけ追い越《こ》せでやってきたのに、今のお前はどうなんだ？　別にお前と兄とを比《くら》べるつもりもない。でも、お前は兄の何を見てきたんだ？」

久保《くぼ》は最初からふてくされたような様子だった。だが、松野下先生は久保《くぼ》なら人間的にしっかりしているし、絶対《ぜったい》に聞いてくれるはずだと、思いのすべてをぶつけると、最後に彼《かれ》にこう告《つ》げた。

「そこまでやった上で、ここ（サッカー部）でうまくなれないのであれば、レオーネに行けばいい」

一度「お山の大将《たいしょう》」になると、どんなに実力を持っていてもその選手の成長は止まる。ましてや中学生であれば、それは顕著《けんちょ》に出てしまう。松野下先生にとってもこの会話は重要な局面だった。このまま消えていってしまうのか、ここから驚《おどろ》くような成長を見せてくれるのか。まさに久保《くぼ》のターニングポイントの一つだった。

話が終わると、久保《くぼ》は表情《ひょうじょう》を曇《くも》らせたまま自宅《じたく》に帰っていった。翌日《よくじつ》からしばらく久保《くぼ》は練習には姿《すがた》を現《あらわ》さなかった。学校内で松野下先生が久保《くぼ》を見かけることはあったが、一切《いっさい》声をかけず、久保《くぼ》も松野下先生を避《さ》けていた。

これでサッカー部を辞《や》めるのなら仕方がないなと松野下先生は思った。

だが数日後、久保《くぼ》が突然《とつぜん》、練習に姿《すがた》を現《あらわ》した。何も言わずに、グラウンドに来て練習着姿《すがた》で仲間とボールを蹴《け》っていると、松野下先生も何も言わずに久保《くぼ》を含《ふく》めた練習を始めた。そして練習後、久保《くぼ》が松野下先生の下《もと》に歩み寄《よ》ってきた。

「俺《おれ》、鴻南《こうなん》中学校でサッカーを続けます」

その時の表情《ひょうじょう》は完全に吹《ふ》っ切れた様子だった。

「一緒《いっしょ》にこのチームで全国に行くぞ。お前が必要なんだ」

こう松野下先生が返事をすると、久保《くぼ》は笑《え》みを浮《う》かべてハキハキと答えた。

「わかりました！　がんばります！」

きっかけは優勝《ゆうしょう》

この瞬間《しゅんかん》、久保《くぼ》はターニングポイントをプラスの方向に切り替《か》えて見せた。彼自《かれ》身、真剣《しんけん》に自分と向き合ったことで、徐々《じょじょ》に松野下先生の言っていることが理解《りかい》できるようになっていった。

エリートと呼《よ》ばれる原川たちがうらやましく見える。それは当たり前だが、自分の成長を環境《かんきょう》のせいにしていたら、環境《かんきょう》を変えても成長がないことに気づいた。

この日以来、久保《くぼ》が練習で手を抜《ぬ》くことは一切《いっさい》なかった。以前よりも真摯《しんし》にサッカーに取り組んでいた。

2年生の秋になると、一番にグラウンドに現《あらわ》れて準備《じゅんび》と自主練習を始めた。練習後もトンボでのグラウンド整備《せいび》を率先《そっせん》して行い、片づけが終わっても、1人でボールを蹴《け》って、最後までグラウンドに残って再《ふたた》びトンボを黙々《もくもく》と掛《か》けていた。

鴻南《こうなん》中学校のエースとして、きちんと自分が結果を残さないといけない。結果を残すには、自分だけがうまくなるだけではいけない。周りから信頼《しんらい》されることと、自分が努力する姿《すがた》を見せることで、周りの選手の意識《いしき》も高まり、全体のレベルが上がる。久保《くぼ》のこの「気づき」が大きな変化を生み出したのだった。

同時に久保《くぼ》に対する周りの目も大きく変化をしていった。

経験者《けいけんしゃ》も、未経験者《みけいけんしゃ》も、一番うまい選手が一番努力をして、率先《そっせん》して行動をしている以上、「自分たちもただ見ているだけではいけない。あいつがここまでやっているんだから、俺《おれ》たちもがんばらないといけない」と思うようになり、ここから鴻《こう》南《なん》中学校サッカー部は一気に力をつけていった。

そして、3年生になると、久保《くぼ》のこの姿勢《しせい》にチームメイトも絶大《ぜつだい》な信頼《しんらい》を置くようになり、彼《かれ》はチームのキャプテンに就任《しゅうにん》した。久保《くぼ》の振《ふ》る舞《ま》いを見て、この決定に異議《いぎ》を唱える者はいなかった。

この姿《すがた》に松野下先生は「彼《かれ》なら絶対《ぜったい》に大丈夫《だいじょうぶ》だ」と確信《かくしん》を持った。だからこそ、松野下先生は久保《くぼ》に対してより厳《きび》しく接《せっ》し、言うべきことははっきりと言い続けた。

それに対し、久保《くぼ》も真剣《しんけん》に耳を傾《かたむ》けた。一度ぶつかり合ったことで、お互《たが》いに信頼《しんらい》関係が生まれていた。

「『久保《くぼ》が外して負けたのであれば仕方ないだろう』とみんなが言ってくれるような選手になれ」

松野下先生は常《つね》に久保《くぼ》にこう言い続けた。この時、すでにそうなっていたのだが、より周りから信頼《しんらい》される人間になってほしいという願いが込《こ》められていた。

松野下は願った。そして、久保《くぼ》自身もそれに応《こた》えようと努力し続けた。

「俺《おれ》が絶対《ぜったい》に点を取って、チームを勝たせる」

エースの活躍《かつやく》もあり、鴻南《こうなん》中学校サッカー部はいきなり春の県大会で優勝《ゆうしょう》を果たしたのだった。

「鴻南《こうなん》中学校に久保裕也《くぼゆうや》というとてつもないストライカーがいる」と話題になるほど、この優勝《ゆうしょう》は山口県内に大きなインパクトを与《あた》えた。そして、この結果が久保《くぼ》と原川の間、中学校サッカー部組とレオーネ組の関係性《かんけいせい》を大きく変えていった。

春の県大会
山口県中学校春季体育大会サッカー部のこと。東西2つの地区に分かれ、各優勝《ゆうしょう》校・準優《じゅんゆう》勝《しょう》校は、夏の山口県中学校サッカー選手権大会に出場推薦される。

学校では決して仲が悪いわけではなかった。しかし、サッカーにおける交流はなかった。名門クラブチームとただのサッカー部という壁《かべ》が、選手それぞれの意識《いしき》の中にあって、それがどうしても消えなかった。

それでも原川を始め、レオーネの選手たちは最初から久保《くぼ》の存在《そんざい》は認《みと》めていた。しかも原川は小学生時代、実は久保《くぼ》は自分たちよりも上の存在《そんざい》だと思っていたのだった。中学校に進学して原川を始めボールの扱《あつか》いがうまい選手が多く入ってきてから、レオーネ山口ジュニアユースはメキメキと力をつけていったのだ。

さらに、レオーネの選手たちは鴻《こう》南《なん》中学校サッカー部を下に見てはいなかった。むしろサッカー部が学校のグラウンドを使って朝練ができ、放課後もすぐにグラウンドで練習できる姿《すがた》を見て、「部活っていいな」と思っているくらいだった。

レオーネの選手たちはクラブの練習がない日は学校近くの維新《いしん》百年記念公園の芝《しば》生《ふ》の広場に集まって、パス練習をしたり、ミニサッカーをしたり、サッカーに興《きょう》じていた。朝練も場所がなかったため、同じ公園の芝生《しばふ》で任意《にんい》で集まってやっていた。

だからこそ、学校のグラウンドを朝夕と使用できるサッカー部員たちがちょっとう

維新《いしん》百年記念公園
山口県山口市にある都市公園。山口県のスポーツや文化活動の拠点《きょてん》となっている。

らやましかった。

大のサッカー好きであるレオーネの選手たちは、この自主練習を夜まで続けていた。そこには、部活を終えた中学校のサッカー部の選手も数人参加をしていたが、あくまで個人的《こじん》に仲が良い選手だけだった。

もちろんこれまでレオーネの選手たちがこの自主練習からサッカー部の選手たちを弾《はじ》き出していたわけではなかった。ただ、自分たちは練習がないから自主的に集まってサッカーをしていただけだった。

一方サッカー部の選手たちは学校のグラウンドで練習が終わるとそのまま家に帰っていたが、その姿《すがた》を見たり、学校で話を聞いたりするうちに「まじりたい」と思うようになっていった。ただ、その「きっかけ」がなかったのだ。

しかし、鴻南《こうなん》中学校サッカー部の春の県大会優勝《ゆうしょう》が、鴻南《こうなん》中学校に通うレオーネの選手たちとサッカー部の選手たちの「見えない壁《かべ》」を打ち崩《くず》し、「サッカーにおける交流」を本格《ほんかく》的にスタートさせた。久保《くぼ》もそのころにこの自主練習に参加をするようになったのだ。

　サッカー部の選手からすれば、レオーネの選手は「格上《かくうえ》」の存在《そんざい》で、サッカーがうまい選手たちの中に自主的に入ることは非常《ひじょう》に難《むずか》しかった。そんな中で県大会優勝《ゆうしょう》を果たした彼《かれ》らは、自分たちに自信を持てるようになった。さらに久保《くぼ》も参加するようになり、周りの選手たちも「久保《くぼ》が行くなら俺《おれ》も」とどんどん参加するようになっていった。

　当時の鴻南《こうなん》中学校のルールとして、冬場は17時15分に、夏場は18時30分には全員下校が義務《ぎむ》づけられていた。下校をうながす音楽が流れると、部活動を終えた生徒たちが一斉《いっせい》に帰宅《きたく》の途《と》につく。そのあとに久保《くぼ》らサッカー部の選手たちは、原川たちの「草サッカー」に向かうか、一度家で晩御飯《ばんごはん》を食べたあとに、遅《おく》れて合流をしていた。

　その公園は芝生《しばふ》と言っても、きれいに整備《せいび》されたようなものではなく、ところどころに茶色の土が浮《う》かび、芝生《しばふ》というか雑草《ざっそう》が多く生えた、本当に「ただの広場」だった。しかも、日が落ちれば照明灯などは存在《そんざい》せず、どこの公園にもあるような小さな街灯の灯《あかり》を頼《たよ》りに、薄暗《うすぐら》い中でボールを蹴《け》っていた。

その輪はどんどん大きくなり、サッカーのうまい下手《へた》関係なく、純粋《じゅんすい》にサッカーを楽しみながらボールを蹴《け》って、追いかけるという「サッカー小僧《こぞう》の集団《しゅうだん》」となっていった。

あまりにも彼《かれ》らが熱中しすぎて、公園の管理者から松野下先生に電話がかかり、怒《おこ》られることもしばしばだった。

「本当にすみません。あいつらにはよう言って聞かせますので」

しかし、久保《くぼ》と原川らに伝えても、彼《かれ》らはやめることはなかった。それに対し、松野下先生も「あいつらは本当にサッカーが大好きなサッカー小僧《こぞう》。好きなだけやらせてあげたい気持ちもあった」と、あまり強くは言わなかった。そして、公園関係者の人間も、悪さをするわけではなく、一生懸命《いっしょうけんめい》サッカーを楽しむ彼《かれ》らに対し、徐々《じょじょ》に言わなくなった。

彼《かれ》らの熱意はすさまじかった。

ある時、松野下先生は久保《くぼ》に問いかけたことがあった。

「朝と夜の公園サッカーは本当に必要か？」

すると、久保《くぼ》は笑いながらこう返事をした。

「先生、ものすごく大切ですよ。楽しいですし、必要です！」

その言葉は松野下先生からすると予想できていたものだった。彼《かれ》らが普段《ふだん》のサッカー部での練習をさぼっている訳《わけ》ではない。部活動に一生懸命《いっしょうけんめい》取り組んだ上で、サッカーをもっとしたい欲望《よくぼう》を抑《おさ》えきれなかっただけだったのだ。それに楽しくなかったら、朝も夜も続けないし、何よりこんなに表情《ひょうじょう》が生き生きしていたら、止める権利《けんり》はもうなかった。

「わかった。その代わり絶対《ぜったい》に遅刻《ちこく》だけはするなよ」

こうして朝練と夜練は続いた。これも久保《くぼ》と鴻南《こうなん》中学校サッカー部がさらに力をつけた一つの要因《よういん》だった。いつしか久保《くぼ》は原川とのプレーを通じて、原川の真似《まね》をするようになった。

サッカー部の練習中に久保《くぼ》は「原川だったら、こういうボールでも足下《あしもと》でピタリと止めるな」と言いながらプレーをしたり、「原川のボールはなかなか奪《うば》えない。どうやったら奪《うば》えるか」と松野下先生に聞いてくるようになった。

その一方で原川も学校でこれまであまり積極的に接《せっ》していなかった松野下先生に対して、「裕也《ゆうや》のシュートはすごすぎる。破壊力《はかいりょく》もあるし、あれは本当にすごい」と良く話をするようになった。さらに「裕也《ゆうや》のヘディングが強いのは、頭が大きいからですよ」など、笑いながら冗談《じょうだん》も言うようになり、松野下先生とレオーネの選手の距離《きょり》も一気に近づいた。

それはつまり、お互いがお互《たが》いを完全に認《みと》め合った証拠《しょうこ》だった。時間こそかかったが、ようやくここで2人は親友そして、最高のライバルと呼《よ》べるような関係性《かんけいせい》になったのだ。それは他の生徒も一緒《いっしょ》で、レオーネの選手とサッカー部の選手が学校内で仲良く交流する姿《すがた》も、よく見られるようになった。

8
18

ある時、両チームが一度だけ練習試合をしたことがあった。結果は9対1でレオーネが大勝した。鴻南《こうなん》中学校サッカー部の1点は久保《くぼ》が決めたものだった。正直、両チームには差があった。でも、サッカーという同じ絆《きずな》で結ばれた両者の関係性《かんけいせい》は一切《いっさい》変わることがなかった。

レオーネの選手たちにサッカー部の選手たちが「明日からクラブユース選手権《せんしゅけん》がんばれよ」とか、「高円宮杯《たかまどのみやはい》がんばってこいよ」と声をかけたり、逆《ぎゃく》にレオーネの選手たちがサッカー部の選手に「全中（全国中学校サッカー大会）がんばってこいよ」と、お互《たが》いにエールを送ったりするようになった。

レオーネの選手たちが大会で学校の文化祭に出られない時も、サッカー部の選手たちが、「俺《おれ》らの分までサッカーを思い切りやってこいよ」と声をかけたり、レオーネの選手たちが「ここは俺《おれ》たちが片付《かたづ》けておくから、練習に行きなよ」と掃除《そうじ》や学校のことも引き受けたりと、思いやりを持って接《せっ》するようになった。

入学当初は両者の間にあった壁《かべ》が、いつしか完全になくなって、切磋琢磨《せっさたくま》できる仲になった。

クラブユース選手権《せんしゅけん》
正式名称《めいしょう》は日本クラブユースサッカー選手権《せんしゅけん》（U－15）大会。中学生年代のクラブチームによる全国大会。

高円宮杯《たかまどのみやはい》
正式名称《めいしょう》は、高円宮杯《たかまどのみやはい》JFA全日本U－15サッカー選手権《せんしゅけん》大会。中学校のサッカー部チームとJリーグ所属《しょぞく》のクラブの育成組織《そしき》を含《ふく》むすべてのクラブチームによる全国大会。

その後、久保《くぼ》を中心にメキメキと力をつけて行った鴻南《こうなん》中学校サッカー部は、ついに全国中学サッカー大会の県予選と中国大会を制覇《せいは》し、中国地区王者として全国大会出場を勝ち取ってみせたのだった。

その後の2人

そして、久保《くぼ》と原川の2人がさらにクローズアップされたのは、中学3年生ながら国体の山口県選《せん》抜《ばつ》に選ばれた時だった。

2008年8月に、高校2年生の早生まれと高校1年生がメインのU―16山口選《せん》抜《ばつ》に、鴻《こう》南《なん》中学校の久保《くぼ》と原川含《ふく》めた中学3年生の3人が選ばれると、全員が主軸《しゅじく》として活《かつ》躍《やく》。国体予選（ミニ国体）で優勝《ゆうしょう》に導《みちび》き、国体出場の立役者となった。国体では毎年のようにミニ国体で敗れていた山口県が、まさかの国体進出。この主役となった中3コンビに、周りが黙《だま》っている訳《わけ》はなかった。

「山口にどえらい選手がいる。しかも1人は公立中学校のサッカー部の選手らしい」

噂《うわさ》は一気に全国に広まり、2人には多くのJクラブユースからオファーが届《とど》いた。そして、中でも熱心に声を掛《か》けてきた京都サンガF.C.U―18に、久保《くぼ》も原川もそろって行くことが決まったのだった。

国体
正式名称《めいしょう》は国民体育大会。各競技《かくきょうぎ》の代表選手たちにより都道府県対抗《たいこう》方式で行われる。国体におけるサッカー競技《きょうぎ》は、成年男子、女子、少年男子（16歳《さい》以下）、という3つの部門がある。

そこから2人は京都でサッカーにより打ち込《こ》み、ともにトップ昇格《しょうかく》を果たした後に、プロサッカー選手としてそれぞれの道を進み始めた。

エリートと雑草《ざっそう》。そこには見えない壁《かべ》があったが、それを早い段階《だんかい》で取り外すことができたことで、2人はプロサッカー選手としての道をまっすぐに歩いていった。

2人がここまで成長したのは、中学校の3年間が大きかった。

久保《くぼ》は指導者《しどうしゃ》の言うことをしっかりと聞き、周りに認《みと》められる選手になるべく、自覚を持ちサッカーに打ち込《こ》んだ。原川はエリートと呼《よ》ばれる立場だったが、決して周りを見下すことなく、同じサッカー仲間としてサッカー部の選手たちを受け入れ、一緒《いっしょ》にサッカーを楽しんだ。それぞれの立場の人間が、その立場にしがみつくのではなく、お互《たが》いを受け入れながら、ともに歩んできたからこそ、2人だけではなく、周りも大きく成長することができた。

2019年、山口県教育庁《きょういくちょう》学校安全・体育課の主幹を務《つと》めている松野下《まつのした》先生は、2人の関係性《かんけいせい》をこう振《ふ》り返る。

「中学生年代はサッカーだけやっていればいいという勘違《かんちが》いが起こる年代。でも実《じっ》際《さい》はそうじゃなくて、人間としてのベースができ上がる大事な時期。人間性《にんげんせい》、謙虚《けんきょ》さ、自分１人で成長したとか、成し遂《と》げたのではないという気持ち。それが人の話を聞く耳を生み出し、周りの人に支《ささ》えられることを理解《りかい》しながら、自分がより向上するために努力する姿勢につながった。２人はそのベースを３年間で学ぶことができた。それがプロサッカー選手としての今の彼《かれ》らの確固《かっこ》たるベースになっていると思います」

純粋《じゅんすい》なサッカー小僧《こぞう》。ほぼ丸１日サッカー漬《づ》けの日々《ひび》。それは決して「やらされている」ものではなかった。サッカーを楽しみ、成長しようとする意欲《いよく》を見せたからこそ、開けたそれぞれの道であった。

（文／安藤隆人）

STORY. 2

何ものにも勝る思い

かつらぎ町《ちょう》立《りつ》笠《かせ》田《だ》中学校 野球部

和歌山県かつらぎ町

伊藤大稀｜Ito Daiki

笠田《かせだ》中学校野球部。ポジションはピッチャー。

谷口和弥｜Taniguchi Kazuya

笠田《かせだ》中学校野球部。チームのキャプテン。

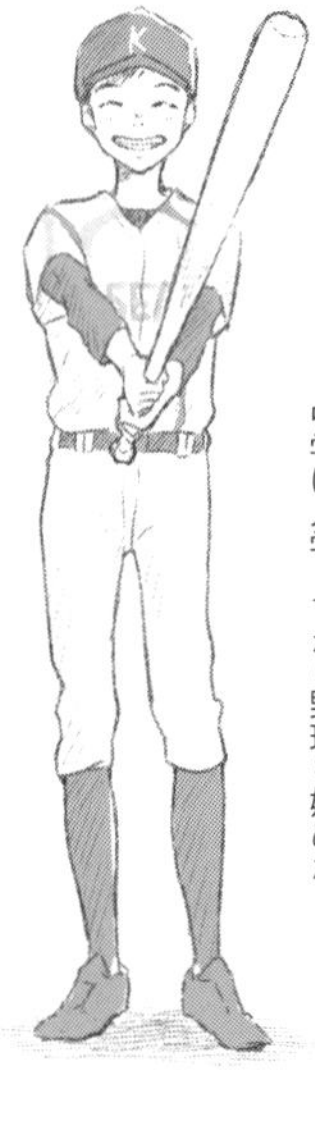

近藤勇輝（コンちゃん）｜Kondo Yuki

笠田《かせだ》中学校野球部。
中学に入学してから野球を始めた。

三岡伊吹｜Mitsuoka Ibuki

笠田《かせだ》中学校野球部。ポジションはファースト。

最初は何もなかった

かつらぎ町立笠田《かせだ》中学校には、野球部がなかった。正確《せいかく》に言えば、活動を休止している「休部」の状態《じょうたい》だった。部員数が少なく、部として活動できる状況《じょうきょう》ではなかったからだ。

和歌山県北部にあるかつらぎ町は、北側は和泉山脈《いずみさんみゃく》、南側は紀伊山地《きいさんち》に挟《はさ》まれた盆地《ぼんち》にある。夏は暑く、冬は寒い気候で柿《かき》などフルーツの名産地として知られている。笠田《かせだ》中学校の校庭にはヤシの木が植えられており、いかにも南国のムードがただよっている。そんなのどかな町で、ひっそりと奇跡《きせき》は始まっていた。

笠田《かせだ》中学校の野球部が復活《ふっかつ》したのは、笠田《かせだ》小学校から笠田《かせだ》中学校に進学した谷口《たにぐち》和弥《かずや》がきっかけだった。笠田《かせだ》中学校に野球部がないことを知った谷口は、地元の硬式《こうしき》野球クラブへの入団《にゅうだん》を考えていくつかのチームの練習を見学に回った。しかし、どのチームの練習を見ても、満たされない思いがあった。

「やっぱり全国に行ったメンバーと、中学でも一緒《いっしょ》に野球をやりたいな」

笠田《かせだ》小学校6年生の時に、谷口たちは和歌山県内の多くのチームが出場する地区予選、県予選を勝ち抜《ぬ》いて全国大会に進出していた。笠田《かせだ》中学校でも同じ仲間と野球がやりたい。それは谷口だけでなく、他の者も同じ思いだった。

笠田《かせだ》小学校の球児と保護者《ほごしゃ》は入学前に笠田《かせだ》中学校を訪《おとず》れ、野球部を復活《ふっかつ》させてほしいと申し出る。校長から出された条件《じょうけん》は「10人以上の部員を集めれば、復活《ふっかつ》を認《みと》める」というものだった。しかし、笠田《かせだ》中学校は1学年60名程度《ていど》の小規模《しょうきぼ》の中学校である。笠田《かせだ》小学校から笠田《かせだ》中学校に進む生徒のなかで、野球部への入部希望者は6人だけ。4人も足りなかったが、それでも谷口に不安はなかった。

「渋田《しぶた》小学校から入ってくるヤツを入れれば、10人以上になるやろう」

笠田《かせだ》中学校には笠田《かせだ》小学校だけでなく、同じ学区の渋田《しぶた》小学校からも生徒が入学してくる。渋田《しぶた》小学校で野球をやっていた三岡伊吹《みつおかいぶき》は、「笠田《かせだ》小学校の全国大会に行ったヤツらと一緒《いっしょ》にやりたい！」と野球部への入部を決めた。渋田《しぶた》小学校からは5人が野球部に入ることになり、これで10人以上の条件《じょうけん》はクリアした。

全国大会
正式名称《めいしょう》は高円宮賜《たかまどのみやし》杯《はい》全日本学童軟式《なんしき》野球大会。小学生の軟式《なんしき》野球の全国大会。

野球部が始動する初日、とくに緊張《きんちょう》していたのは三岡《みつおか》だった。

三岡《みつおか》が野球を始めたきっかけは、近所によく遊んでくれるお兄さんのような先輩《せんぱい》の影響《えいきょう》を受けたからだった。先輩《せんぱい》が所属《しょぞく》した野球チームの見学に訪《おとず》れた三岡《みつおか》は、野球に興味《きょうみ》を持つようになり、自分でも野球をプレーするようになった。

しかし、渋田《しぶた》小学校は弱小チームであり、三岡《みつおか》には野球に対する自信がなかった。そして渋田《しぶた》小学校は強豪《きょうごう》の笠田《かせだ》小学校に1回も勝ったことがなかった。ただでさえ「笠田《かせだ》小学校出身のヤツはうまいヤツばかり」と気後《きおく》れしているのに、さらに三岡《みつおか》は「自分からガツガツ前に行けないタイプ」という引っ込《こ》み思案な性格《せいかく》でもあった。

すると、そんな三岡《みつおか》に驚《おどろ》くほどフレンドリーに声をかけてきた少年がいた。

「オレ、野球は中学からやけど、よろしくな!」

三岡《みつおか》は耳を疑《うたが》った。「え、初心者なの?」という言葉がのどから出かかった。

体が小さく、ハキハキと話す少年は近藤勇輝《こんどうゆうき》という名前だった。近藤《こんどう》は笠田《かせだ》小学校の出身だが、野球部に入るのは中学校からだという。つまり、これから本格的《ほんかくてき》に野球を始める「シロウト」だったのだ。

「全力でついていくから、よろしくな！」

近藤《こんどう》にそう言われ、三岡《みつおか》は少し肩《かた》からよけいな力が抜《ぬ》けていく感覚を覚えた。この不思議な魅力《みりょく》を備《そな》えた近藤《こんどう》は、後にチームメイトから「コンちゃん」と呼《よ》ばれ、チームに欠かせないムードメーカーになっていくのだった。

「無意識《むいしき》のうちに自分からどんどん人に話しかけていくタイプ」というコンちゃんだが、そんな底抜《そこぬ》けに明るい少年でも野球部に入部することに不安がなかったわけではない。

(放課後にみんなと野球で遊ぶことはあったけど、しょせん遊びやしな……。力も違《ちが》うやろうし、みんなについていけるのかな……)

自分だけ少年野球チームに入っていなかった負い目はあった。小学生の時に一時習っていた軟式《なんしき》テニス部への入部も考えた。それでも、大好きな野球への思いは断《た》ちきれなかった。

まだまだ勝てなかった

笠田《かせだ》小学校の全国大会メンバー6人、渋田《しぶた》小学校の5人、そしてシロウトのコンちゃんによる12人で新生・笠田《かせだ》中学校野球部はリスタートした。

監督《かんとく》になった木村陽介《きむらようすけ》先生は、春から笠田《かせだ》中学校に異動《いどう》してきたばかりの40歳《さい》の体育教師《きょうし》である。前任校《ぜんにんこう》でも野球部の指導《しどう》をしており、笠田《かせだ》中学校では「野球部は休部中らしいし、活動できるのか不安だった」という。

木村先生は12人の1年生部員を前に、「どんな野球部にしたい？」と問いかけた。選手たちは「こんな3年間にしたい」という思いを込《こ》めて、木村先生に導《みちび》かれるまま大まかな年表を作ることにした。そして最終的なゴールは「3年夏に全国大会に出て、勝つこと」に定めた。

いざ練習が始まると、やはり笠田《かせだ》小学校の全国大会出場メンバーの動きは際立《きわだ》っていた。三岡《みつおか》は「個々《ここ》の能力《のうりょく》が高いし、チームプレーもレベルが高いな……」と戸《と》惑《まど》いながらも、なんとか食らいついた。さらに大変な思いをしていたのは、中学生から野球を始めたコンちゃんである。

小学生の時は、放課後に遊びで野球をプレーすることはあった。だが、中学野球は放課後の遊びとはまるで別世界。コンちゃんはボールの速さ、人の動きについていくのに必死だった。慣《な》れるまでかなり時間がかかった。

最初の試合はすぐにやってきた。4月下旬《げじゅん》に春の大会が開幕《かいまく》したからだ。練習試合を1試合もこなすことなく、いきなりの公式戦。全員1年生の笠田《かせだ》中学校に対し、対戦相手は当然、中学3年生である。

しかも試合用ユニフォームが間に合わず、特例として真っ白の練習用ユニフォームを着て試合に臨《のぞ》むことになった。初戦の結果は0対7のコールド負け。つい先月まで小学生だった笠田《かせだ》中学校の選手たちにとっては、まさに「大人と子ども」ほどの力の差だった。

小学生時代に全国大会に出た選手がいるといっても、木村先生の目には「飛び抜《ぬ》

春の大会
和歌山県中学校野球大会（紀北《きほく》の部）。

コールド負け
コールドゲームによる敗北のこと。一定の条件《じょうけん》において対戦相手が逆転《ぎゃくてん》することができないと判断《はんだん》されるほど点差が広がった時、または日没《にちぼつ》や自然災害《さいがい》などで続行が困難《こんなん》な時に試合が中断《ちゅうだん》され勝負が決まる。

けて力がある選手はいない」と映《うつ》っていた。

当然、中学生レベルでは通用しなかった。

しかし、いきなりのつまずきにも選手たちの表情《ひょうじょう》は暗くなかった。笠田《かせだ》小学校出身の伊藤大稀《いとうだいき》は「まだ始まったばかりやし、これからやな」と前を向いた。


それでも、笠田《かせだ》中学校はその後も負けを重ねた。とくにミスが目立ったのは、三岡《みつおか》だった。小学生のころはピッチャーかキャッチャーをしていた三岡《みつおか》は、中学からファーストを守るようになっていた。慣《な》れないポジションで自然とエラーは増《ふ》えていく。脚《あし》の間を抜《ぬ》ける「トンネル」をやってしまったり、悪送球をしてしまったり。

(反射神経《はんしゃしんけい》が悪いから、バットに当たった直後の一歩目が遅《おそ》いし、打球にあと一歩追いつけないことが多いんだよな……)

三岡《みつおか》は悩《なや》んでいた。


シロウトのコンちゃんもチームの「火種」であった。

ある日の練習でのことだった。笠田《かせだ》中学校では、ランナーを置いて実戦的なプレーを練習する「総合《そうごう》練習」というメニューがある。日が暮《く》れ始め、そろそろ練習が終わりに近づいていた。さらに木村先生も所用でグラウンドに出ていない日だったため、緊張感《きんちょうかん》がゆるむ要素《ようそ》がそろっていた。

センターを守っていたコンちゃんは、ライトとセンターの間に飛んだ打球を追いかけた。しかし、「間に合わない」と判断《はんだん》すると、とたんに力が出なくなってしまうのだった。

グラウンドに転がるボールをゆっくりダラダラと追いかけるコンちゃんに、チームのキャプテンになった谷口が怒《おこ》った。

「本気でやらんやったら帰れ!」

言われたコンちゃんもムッときて、「なんやねん!」と言い合いになった。しかし、どう考えても自分が悪いと思ったコンちゃんは「野球部の感覚がまだわからなかった……」と反省した。

チーム唯一《ゆいいつ》の「シロウト」であるコンちゃんは、こうして遊びとは違《ちが》う「野球部」というものがどういうものなのか肌《はだ》で覚えていった。

部員12人は1人の脱落者《だつらくしゃ》を出すこともなく、むしろ途中《とちゅう》入部者が1人加わって部員は13人に増《ふ》えた。

笠田《かせだ》中学校の選手たちは野球が大好きだった。練習が終わっても、選手たちは別のグラウンドで野球をプレーした。それは「練習」というよりも、純粋《じゅんすい》な「遊び」だった。実戦形式の「遊び」こそ、なにより楽しいことだったのだ。野球に明け暮《く》れた13人の選手たちは、みるみるうちに上達していった。

そして快進撃《かいしんげき》

中学1年生から2年生へと進級するころ、練習試合で少しずつ勝てる試合が増《ふ》えてきた。とくに大きな成長を見せたのは、ピッチャーの伊藤《いとう》だった。

笠田《かせだ》小学校ではおもにファーストだった伊藤《いとう》は、中学に入って急激《きゅうげき》な成長期を迎《むか》えていた。身長は中学入学時の162㎝から最終的に180㎝にまで達する。伊藤《いとう》は「小学生のころはみんなに負けていたのに、中学2年生くらいから急に体が大きくなって、ボールが速くなった」と成長を実感していた。

中学2年生の夏の大会は地区予選で準優勝《じゅんゆうしょう》し、県大会では1勝を挙げた。対戦相手はほとんど1学年上の中学3年生である。1年前は手も足も出なかった相手と対等に戦えることを実感して、笠田《かせだ》中学校の選手たちは少しずつ自信をつけていった。

2年生秋の新チーム体制の時期を迎《むか》えると、他チームよりも実戦経験《けいけん》を多く積ん

夏の大会
和歌山県中学校夏季総《そう》合《ごう》体育大会。近畿《きんき》中学校総合《そうごう》体育大会、続く全国大会となる全国中学校軟式《なんしき》野球大会における予選大会でもある。

でいる笠田《かせだ》中学校はほとんど負けなくなっていた。

お互《たが》いに目を見れば、何を考えているかがわかる。

(ここに投げればあいつは捕《と》りやすいはずだ)

(あいつがバッターなら、ここに打ってくれるはずだ)

試合経験《けいけん》を重ねることで、選手の連係プレーやアイコンタクトはどんどん洗練《せんれん》されていったのだ。

監督《かんとく》の木村先生も手応《てごた》えを深めていた。

(選手の特性《とくせい》がわかっているので、13人をフル活用できたのはありがたい。試合によってメンバーをグルグル入れ替《か》えながら、『この選手はここで使おう』という意図が明確《めいかく》になっている)


弱小チームだった渋田《しぶた》小学校から笠田《かせだ》中学校に進んだ三岡《みつおか》にとって、大会で勝ち進むことは今までに経験《けいけん》がないことだった。中学で初めて、「勝つ楽しみ」を実感していた。

少しずつ自信をつけていった三岡《みつおか》は、一方で谷口や伊藤《いとう》のような笠田《かせだ》小学校出身の選手から精神面《せいしんめん》でも影響《えいきょう》を受けていた。

(笠田《かせだ》小学校のヤツは1人ひとりのモチベーションが高いし、チャンスになると『オレが活躍《かつやく》してやる!』と思えている。僕《ぼく》は反対に『ミスをしたらどうしよう……』と思ってしまっていたから、結果も出なかったんだろうな)

中学生から野球を始めたコンちゃんも、すっかり「野球部員」らしくなっていた。木村先生は、コンちゃんが陰《かげ》で努力していることも知っていた。

(初心者といってもキャッチボールはできたし、よく努力もしていた。家でもバットを振《ふ》ったり、壁当《かべあ》てしたり、陰《かげ》で相当練習している)

最初はなかなか試合に出られなかったが、少しずつ試合に出られるようになり、着実にチームの戦力になっていった。

2年生秋の大会で笠田《かせだ》中学校は快進撃《かいしんげき》を見せる。伊藤《いとう》と前田悠佑《まえだゆうすけ》の投手二枚看板《まいかんばん》に、攻撃《こうげき》・守備《しゅび》ともに連係プレーを磨《みが》いてチームのバランスが向上していた。笠田《かせだ》中学校は地区予選、県大会と順調に勝ち上がっていった。

しかし、快調《かいちょう》なチームをよそに不振《ふしん》に苦しんでいたのが三岡《みつおか》だった。最初の試合でノーヒットに終わったことで、今まで積み上げてきた自信が消えてしまった。いつしか三岡《みつおか》は「打つ！」という強い気持ちではなく、「打てるかな」と不安を抱《かか》えたまま打席に入るようになっていた。三岡《みつおか》の顔からは笑顔まで失われていった。

チームはとうとう県大会決勝戦まで勝ち上がった。決勝戦の試合前、暗く沈《しず》んだ表情《ひょうじょう》をしていた三岡《みつおか》に声をかけてきたのはコンちゃんだった。

「ヒットを打ったら、ベンチに向かってガッツポーズをしろよ！」

思わぬ「無茶ぶり」に三岡《みつおか》は吹《ふ》き出してしまった。不思議なことに、それまで自分をしばりつけていたものがきれいさっぱりなくなったように感じられた。

（そうだ、ネガティブなままじゃいけない。『絶対《ぜったい》に打つ！』と強い気持ちを持って、バッターボックスに入ろう）

その決勝戦、三岡《みつおか》はそれまでの自分とはまったく違《ちが》っていた。同点の場面で打席が回ってきた三岡《みつおか》は、「絶対《ぜったい》に打つ！」と心に強く刻《きざ》み打席に向かった。そして思い切りバットを振《ふ》り抜《ぬ》くと、会心の一打が外野後方へと飛んでいった。

ボールが外野を転々《てんてん》としている間に、三岡《みつおか》はダイヤモンドをかけめぐる。そしてとうとう三塁《るい》を回り、ホームベースまで還《かえ》ってきてしまった。決勝打となるランニングホームランである。

三岡《みつおか》はベンチに向かってガッツポーズをするどころか、ベンチに戻《もど》りコンちゃんと喜《よろこ》び合った。チーム内で「いじられキャラ」だった三岡《みつおか》の大活躍《だいかつやく》に、チームは大《おお》盛《も》り上がり。そしてそれ以来、笠田《かせだ》中学校では「コンちゃんが話しかけた選手は活《かつ》躍《やく》する」という必勝の神話が生まれた。

笠田《かせだ》中学校は秋の近畿大会《きんきたいかい》も勝ち上がり、翌春《よくしゅん》の全国大会への出場を決めた。わずか2年前まで野球部がなかった中学が全国大会に行く。それはおそらく前代未聞の出来事だったに違《ちが》いない。

静岡県で開催《かいさい》された春の全国大会は、残念ながら初戦で敗退《はいたい》。それでも、好投したエースの伊藤《いとう》は「強い相手だったけど、飛び抜《ぬ》けて強いとまでは思わなかった。

全国大会
正式名称《めいしょう》は文部科学大臣杯《はい》全日本少年春季軟式《なんしき》野球大会。春休み中に開催《かいさい》される中学新2、3年生による全国大会。

勝てない相手ではない」と手応《てごた》えを深めた。0対2で惜《お》しくも敗れたものの、笠田《かせだ》中学校の選手たちは全国でも十分に戦えるという自信を得《え》たのだった。

春の大会を終え、残すは3年生夏の大会のみである。春夏連続で全国大会に出ること自体、極《きわ》めて難《むずか》しいことだが、笠田《かせだ》中学校の選手たちには果敢《かかん》にチャレンジする理由があった。それは入学時に立てた最終目標「3年夏に全国大会に出て、勝つこと」を実現《じつげん》するためだ。

周囲《しゅうい》も応援《おうえん》してくれた。学校はもちろんのこと、かつらぎ町の地域《ちいき》住民も笠田《かせだ》中学校の野球部員を見ると「応援《おうえん》しているよ！」と声をかけてくれた。その言葉が選手たちにとって、なによりの励《はげ》みになった。

野球に熱心な保護《ほご》者《しゃ》も多く、練習試合になると部員のお父さんが審判《しんぱん》を買って出てくれた。部員の少ない笠田《かせだ》中学校にとって、保護《ほご》者《しゃ》もチームの一員だったのだ。

こうしたバックアップに感謝《かんしゃ》しながら、チームは夏の戦いへと向かっていった。

しかし、口では「全国」と言っていても、無意識《むいしき》のうちに春の全国大会に出場した達成感にひたっている部分もあった。なかには野球はおろか、学校生活にも気のゆるみが出始めた部員もいた。

そんなチームのほころびを見逃《みのが》さなかったのは、木村先生である。ある日の練習中、それまでじっと見守っていた木村先生は、厳《きび》しい表情《ひょうじょう》で選手にこう言い放った。

「お前ら、練習やらんでええわ。帰れ!」

普段《ふだん》は優《やさ》しい木村先生が見せた厳《きび》しい態度《たいど》に、チーム全体に緊張感《きんちょうかん》が走った。木村先生は練習を中止にして、部員たちにどうすべきかを考えるようにうながした。選手たちはそれぞれ、自分たちの練習態度《たいど》や学校生活を見直してみた。そこで見えてくるものがあった。

三岡《みつおか》の頭のなかで、何人かの部員の授業《じゅぎょう》に身が入っていない様子が思い出された。一方、コンちゃんも「部活も学校生活も一緒《いっしょ》や!」という思いを抱《いだ》くようになった。部活だけをやっていればいいというものではない。学校生活をしっかりとすれば、部活にも必ず生きてくる。コンちゃんはそう確信《かくしん》した。それ以来、部員たちは部活だけでなく学校生活も緊張感《きんちょうかん》を持って過《す》ごすようになった。

夏の大会前には全国屈指《くっし》の強敵《きょうてき》と練習試合をする機会もあった。相手は高知県の名門中の名門・明徳義塾《めいとくぎじゅく》中学校。小学校卒業時点で寮《りょう》に入り、厳《きび》しい環境《かんきょう》でもまれている選手たちである。とくにエースピッチャーの関戸康介《せきどこうすけ》は最速１４０㎞台とプロ級の剛速球《ごうそっきゅう》を投げる投手として有名だった。

関戸《せきど》のボールを見た谷口は「中学生が投げる球ちゃうで！」と驚《おどろ》き、投げ合った伊藤《いとう》は「なんだかオーラが出ているし、モノが違《ちが》う」とうなった。

試合は明徳義塾《めいとくぎじゅく》中学校の前に０対６と完敗。全国トップレベルの実力を感じて、「このままじゃ勝てない」という危機感《ききかん》がチーム全体に広がった。

それ以来、笠田《かせだ》中学校は再《ふたた》び気を引き締《し》めて夏の大会に向けて活気のある練習を取り戻《もど》した。以前は木村先生から「声かけが足りない」と指摘《してき》されていたが、同じメンバーとの活動が３年目に入ると練習中から声かけが自然と飛び交うようになっていた。

SEDA

達成された目標

部員は3年生の13人と、1年生の5人しかいない。全国大会を狙《ねら》うチームとしては少ないが、少人数の運営《うんえい》もむしろ武器《ぶき》になっていると谷口は感じていた。

「人数が少ないことを言い訳《わけ》にするんじゃなく、強みに変えられる。1年生から試合に出られるのだから、むしろラッキーやないか!」

時に外野手として、時にベースコーチとして、時に「コンちゃん神話」の預言者《よげんしゃ》として活躍《かつやく》していたコンちゃんも、勝てるチームには特徴《とくちょう》があることに気づいていた。

(人数の多い、少ないで強さが決まるわけじゃない。チームとしてまとまったほうが上に行けると思う。そのためには普段《ふだん》の声かけも大事だし、チームメイトのプレーをお互《たが》いにわかり合うことも強さになるはずや)

こうして勝つために何をすればいいのかチーム全員で理解《りかい》した笠田《かせだ》中学校は、夏の大会でも順調に勝ち上がり、木村先生は選手たちの確《たし》かな成長を感じ取っていた。

「練習から谷口を中心に、『今のプレーはどうすべきだったか？』ということを選手だけで話し合えるようになっていた。試合中でも私《わたし》が何か特別な指示《しじ》を出さなくても、自分たちで戦うための方針《ほうしん》を立てられている。とにかく野球が好きで、13人全員が仲のいいチーム。私《わたし》が何かをしたわけではない。ただ生徒たちがすごかった。失敗をくり返しながら自分たちで上手《じょうず》になっていってくれた」

笠田《かせだ》中学校は夏の近畿《きんき》大会《たいかい》も勝ち抜《ぬ》き、とうとう春夏連続となる全国大会出場を決める。勝負の地は広島県。今度こそ、全国大会で勝ちたい。それがチーム全員の思いだった。

2018年8月20日、笠田《かせだ》中学校は呉《くれ》市《し》二河《にこう》野球場での全国大会初戦に臨《のぞ》んだ。対戦相手は岩手県の洋野《ひろの》町立《ちょうりつ》種市《たねいち》中学校。東北大会で準優勝《じゅんゆうしょう》まで勝ち上がった強豪《きょうごう》である。

試合は初回から思わぬ形で動いた。1回表、捕手《ほしゅ》の谷口が投手の伊藤《いとう》のボールを

全国大会
全国中学校軟式《なんしき》野球大会のこと。中学校の部活チームを対象《たいしょう》とした軟式《なんしき》野球の全国大会。

捕《と》り損《そこ》ね、後ろにそらしている間に相手ランナーがホームに帰ってきてしまったのだ。レフトを守っていたコンちゃんの目にはこう見えていた。

「ふつうのストレートかなと思ったら、そのままスーッと後ろに抜《ぬ》けていった。『あっ、(得点《とくてん》が)入ってしもた』という感じやった」

谷口は「試合開始直後で体が動ききっていなかった」と自分の動きの硬《かた》さを痛感《つうかん》していた。頼《たよ》れるキャプテンの痛《いた》いミスにチーム内に動揺《どうよう》が広がってもおかしくないように思えたが、笠田《かせだ》中学校の選手たちは動じなかった。

エースの伊藤《いとう》は「谷口はいつもボールを止めてくれていたし、信頼《しんらい》していた」とミスを必死にカバーした。誰《だれ》かが失敗しても周りがカバーする。それがチームワークであり、それをできるのが笠田《かせだ》中学校の強みだと伊藤《いとう》は感じていた。

1回表の守備《しゅび》を1失点で終えてベンチに戻《もど》ってきた笠田《かせだ》中学校の選手たちは、谷口に「ドンマイ、気にするな!」「1点取っていこう!」と次々《つぎつぎ》に前向きな声をかけた。その言葉に谷口は救《すく》われる思いがした。

笠田《かせだ》中学校は3回裏《うら》に1点を取り返して同点に追いつくと、6回裏《うら》には勝ち越《こ》し点を奪《うば》い、2対1と初めてリードする。投げては伊藤《いとう》が球場のスピードガンで最速134㎞の球速をマークし、相手打線を封《ふう》じていった。今まで球速を測《はか》ったことがなかった伊藤《いとう》は「思った以上に速いんだな」とうれしく思いつつ、あまり気にしていたら抑《おさ》えられないと思い、途中《とちゅう》で気にしないよう切り替《か》えた。それでもベンチに戻《もど》れば、仲間たちが「何㎞出てたで!」と盛《も》り上がっていた。

ファーストを守る三岡《みつおか》は、あらためて「笠田《かせだ》中学校で野球ができてよかった」という思いにひたっていた。

(部員数が多いと競争も激《はげ》しいやろうけど、人数が少なければ練習中に動いている時間が長くなるし、そのおかげで技術《ぎじゅつ》が向上できたと思う。人数が少ないからこそ周りをよく見渡《みわた》せたし、チームのためにいいことも悪いことも言い合えた。人数が少ないから自分のできること、自分の仕事を見つけられた。僕《ぼく》の場合は守備《しゅび》が下手《へた》なのを周りのみんながフォローしてくれた。もちろんできないことは努力するけど、みんなには本当に助けられた。こうやって人数が少ないからこそ、笠田《かせだ》中学校はいいチームワークが生まれたんやないかな)

最後の打者を打ち取った瞬間《しゅんかん》、笠田《かせだ》中学校の「目標」は達成された。両チーム向かい合っての礼をすませると、勝利した笠田《かせだ》中学校の選手たちはホームベース付近に横並《よこなら》びになり、センター後方のスコアボードに顔を向けた。するとほどなくして、場内のスピーカーから笠田《かせだ》中学校の校歌が流れ始めた。

選手たちは、試合前に木村先生から「勝ったら校歌が流れるから」とは聞いていた。「甲子園《こうしえん》みたいやな!」と言い合いながら、選手たちはどうもむずがゆい心持ちがした。コンちゃんも「初めての経験《けいけん》やし、なんだか歌うのが恥《は》ずかしくて、変な感じやね」と苦笑した。

夢《ゆめ》が現実《げんじつ》になる。わかりやすいごぼうびとして校歌を歌う場をもうけられて、笠《かせ》田《だ》中学校の選手たちは急にくすぐったく感じてしまうのだった。

その翌日《よくじつ》、笠田《かせだ》中学校野球部の夏は終わりを告《つ》げた。宮崎県の宮崎市立住吉《すみよし》中学校との2回戦。笠田《かせだ》中学校は伊藤《いとう》、前田《まえだ》の投手リレーで7回まで1対1の接戦《せっせん》に持ち込《こ》んだ。だが、延長《えんちょう》8回表に4得点《とくてん》を奪《うば》った直後、住吉《すみよし》中学校に逆転《ぎゃくてん》満塁《まんるい》ホームランを浴び、大逆転負《だいぎゃくてんま》けを喫《きっ》したのだ。

あまりに劇的《げきてき》すぎる展開《てんかい》に、笠田《かせだ》中学校の選手たちは試合が終わっても頭のなかが真っ白で、事実を受け入れることができなかった。試合後のあいさつを終えると、ロッカールームに入った選手たちに木村先生がこう語り始めた。

「飛び抜《ぬ》けた選手はいなかったけど、キミたちのチームワーク、吸収力《きゅうしゅうりょく》は本当に素晴《すば》らしかった。なによりも試合ごとに強くなっていく、本番で物おじせずに力を出せる。先生も『なんでやろう?』と思うくらいすごかった。キミたちともう野球ができないということが、一番さみしいんや」

木村先生の言葉を聞いているうちに、1人、また1人とすすり泣く声がロッカールームに広がっていった。

このメンバーで野球をやれるのは、今日が最後だったんだ――。その現実《げんじつ》に直面して、ようやく敗戦の実感がわいてきた。13人の3年生は全員泣いていた。

笠田《かせだ》中学校が3年がかりで起こした奇跡《きせき》は、「全国大会で勝つ」という目標をかなえたところで終わりを迎《むか》えたのだった。

ただ好きなだけ

主将《しゅしょう》としてチームをまとめあげた谷口は、この3年間の思い出をあらためて振《ふ》り返ってみた。

木村先生、両親、かつらぎ町民、さまざまな人に支《ささ》えられた3年間だった。普段《ふだん》から実戦に近い感覚で練習し、部員全員で声をかけ合いながらやってきたことが、春夏連続全国大会出場という結果につながったと思えた。

はじめは木村先生に「声が少ない」と注意されることも多かったが、最後の夏の大会前には選手たちみんなが自発的に声を出せるようになっていた。せっかく最高のチームワークを手に入れて、みんながうまくなってきたのに、このチームがここで終わってしまうのはさみしい……。そう思うと、谷口は再《ふたた》び涙《なみだ》が込《こ》み上げてくるのだった。

全国大会に出場することは最初からの目標だった。

それでも木村先生は「まさかこのチームが2回も全国大会に出られるなんて思ってもみなかった」というのがまぎれもない本心だった。

なぜ、笠田《かせだ》中学校は全国大会に出場できたのか。

(みんな野球が大好きな野球小僧《こぞう》だったから)

木村先生はそうだと考えている。

木村先生が「こうしたら?」とアドバイスすると、選手は素直《すなお》に耳を傾《かたむ》け、すぐに吸収《きゅうしゅう》していく。練習が休みの日でも野球をして遊んでいるような生徒たちだった。だから「どうすればうまくなるか?」「どうすれば勝てるのか?」を自分たちで考えて、自分たちで上達していったのだろう。

13人の野球部員が切磋琢磨《せっさたくま》した日々《ひび》の先に、たしかに夢《ゆめ》の世界が広がっていた。彼《かれ》らはその後、高校野球へと舞台《ぶたい》を移《うつ》して夢《ゆめ》の続きを追うことになる。

かつらぎ町立笠田《かせだ》中学校には、野球部がなかった。

だが、「野球をやりたい」という思いだけで野球部を復活《ふっかつ》させた球児たちが「伝説」を作った。

その思いを受け継《つ》ぐ後輩《こうはい》たちは、今日もグラウンドで汗《あせ》を流している。


（文／菊地高弘）

STORY. 3

夢《ゆめ》には続きがある

星《せい》稜《りょう》高等学校　女子サッカー部

石川県金沢《かなざわ》市

河崎美穂　Kawasaki Miho

サッカーが好きで女子サッカー部をつくるために邁進《まいしん》する。

山田友理香　Yamada Yurika

美穂《みほ》の幼《おさ》なじみで、女子サッカー部の設立《せつりつ》に協力する。

須戸菜月　Sudo Natsuki

美穂《みほ》がつくった女子サッカー部に入る。

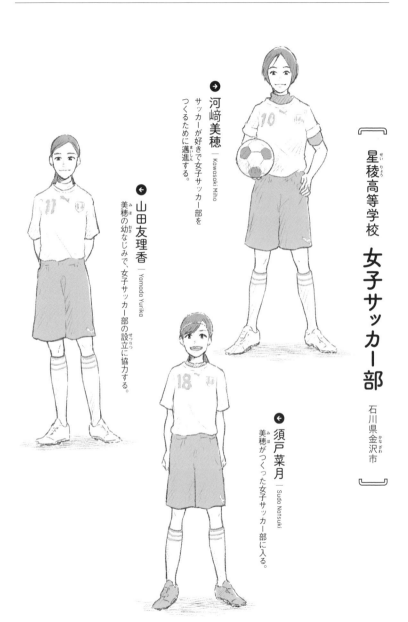

父親にあこがれて

女子サッカーといえば、日本代表である『なでしこジャパン』が2011年のFIFA《フィファ》女子ワールドカップドイツ大会で優勝《ゆうしょう》したことで、日本中になでしこジャパン旋風《せんぷう》が巻《ま》き起こった。

男子サッカーと比《くら》べ、女子サッカーは競技《きょうぎ》人口が少なく、決してメジャーとは言えない状況《じょうきょう》だったが、このワールドカップ優勝《ゆうしょう》で一気にその認知度《にんちど》が上がり、彼女《かのじょ》たちの活躍《かつやく》を見てサッカーを始める選手も増《ふ》えた。

まさに世間がなでしこジャパンフィーバーに沸《わ》く2012年、石川県にある星《せい》稜《りょう》高等学校に女子サッカー部が立ち上がったのだった。そこには1人の熱心な少女の存在《そんざい》があった。

星稜《せいりょう》高校サッカー部は男子サッカーでは、全国優勝《ゆうしょう》1度、準優勝《じゅんゆうしょう》2度を誇《ほこ》り、OBには日本代表として大活躍《だいかつやく》をした本田圭佑《ほんだけいすけ》がいるほどの名門中の名門である。

なでしこジャパン
2004年からサッカー女子日本代表の愛《あい》称《しょう》として採用《さいよう》されている。なお、オリンピックの女子サッカーには出場への年齢制限《ねんれいせいげん》がない。

星稜《せいりょう》高等学校
石川県にある中高一貫《いっかん》校《こう》。サッカー部だけではなく野球部も強豪《きょうごう》で、元ニューヨーク・ヤンキースの松井秀喜《ひでき》も星稜高校《せいりょうこうこう》の卒業生である。

本田圭佑《ほんだけいすけ》
イタリアの名門クラブであるACミランをはじめ、さまざまな国のクラブに所属《しょぞく》した元日本代表のプロサッカー選手。

しかし、女子サッカー部ができたのは前述《ぜんじゅつ》したように2012年のこと。その女子サッカー部を作ったのは、男子サッカー部を強豪《きょうごう》に仕立て上げた監督《かんとく》の娘《むすめ》・河崎美《かわさきみ》穂《ほ》であった。

美穂《みほ》にとってサッカーは、「父親と同じ時間を共有できる機会」の1つだった。小さいころから父親が大好きだったが、名門サッカー部の監督《かんとく》であった父は、練習などで美穂《みほ》が寝《ね》た後に帰宅《きたく》し、週末になると試合や遠征《えんせい》で家を空けることが多かった。それだけに美穂《みほ》にとって星稜《せいりょう》高校の男子サッカー部の試合を観《み》に行くということは、父に会える貴重《きちょう》な時間だったのだ。

サッカーを自然と好きになっていった美穂《みほ》は、小学2年生の時に地元のサッカークラブでサッカーを始めると、その魅力《みりょく》にどんどんはまっていった。

見せつけられる現実《げんじつ》

美穂《みほ》は中学進学時に父がいる星稜《せいりょう》中学校に進学を決め、同時に父の立ち上げた地域《ちいき》クラブである「星稜《せいりょう》PEL《ペル》」に加入し、よりサッカーに打ち込《こ》み始めた。

この時、美穂《みほ》にとって大きなモチベーションになっていたのが「全日本高校女子サッカー選手権《せんしゅけん》大会」だった。男子の全国高校サッカー選手権《せんしゅけん》大会は年末年始をまたいで首都圏《しゅとけん》で行われる大会で、知名度も非常《ひじょう》に高く、実際《じっさい》に父の応援《おうえん》に何度もスタンドに足を運んで、試合を眺《なが》めていた。ちょうどほぼ同じ時期に高校女子サッカー選手権《せんしゅけん》も行われており、その大会の存在《そんざい》を知ってから、「父が監督《かんとく》で出ている高校のサッカー選手権《せんしゅけん》に出たい」と強く思うようになっていた。ただその時、星稜《せいりょう》高校には女子サッカー部がなく、中学を卒業したら県外の強豪校《きょうごうこう》に行って、全国に出ようと越境《えっきょう》での進学を考えていた。

そのためにはもっとうまくならないと強豪校《きょうごうこう》に入ることはできない。美穂《みほ》はそう

星稜《せいりょう》PEL《ペル》
石川県金沢市《かなざわし》で活動する女子サッカークラブ。

全日本高校女子サッカー選手権《せんしゅけん》大会
1992年から開催《かいさい》されている女子サッカーの全国大会。

思い、星稜《せいりょう》ＰＥＬ《ペル》でプレーしながら、中学校の男子サッカー部にも入部をした。星稜《せいりょう》ＰＥＬ《ペル》の練習は19時スタートだが、部活動は15時30分から18時まで行う。この時間差を利用して、美穂《みほ》は学校が終わると、男子サッカー部で練習をし、終わってから19時の星稜《せいりょう》ＰＥＬ《ペル》の練習に参加するという毎日を送った。

だが、練習を重ねていくうちに、だんだんパワーやスピードについていけなくなる自分がいた。

最初は周りの男子の選手たちの体も小さく、一緒《いっしょ》に練習できていた。しかし、だんだん力負けしたり、ボールが奪《うば》えなくなったり、自分がやれることが減《へ》っていく。同じ学年で女の子は美穂《みほ》だけだった。1学年上、2学年上にも1人ずつ女の子はいたが、彼女《かのじょ》たちは美穂《みほ》よりもうまく、必死で渡《わた》り合っていた。でも、自分はどんどん周りに取り残されていっているのがわかる。

美穂《みほ》は悔《くや》しい気持ちと仕方がない気持ちの両方が入り混《ま》じっていた。でも、ここであきらめたら強豪校《きょうごうこう》に進むことができない。自分も本田圭佑《ほんだけいすけ》選手のように日本代表になりたいし、父のように強い高校に進んで全国大会で結果を出したい。

美穂《みほ》は自分の立てた目標から遠ざからないように、必死で男子の練習に食らいつき、星稜《せいりょう》ＰＥＬ《ペル》では持っている技術《ぎじゅつ》を磨《みが》くというサッカー漬《づ》けの日々《ひび》を送った。

しかし、厳《きび》しい現実《げんじつ》がどんどん美穂《みほ》の前に立ちはだかった。学年が上がれば上がるほど、男子のレベルについていけなくなるし、星稜《せいりょう》ＰＥＬ《ペル》でも当時、最強と言われたアルビレックス新潟レディースＵ―15には一度も勝つことができず、全国への扉《とびら》を開くことができなかった。さらに中学3年生になると男子サッカー部の練習に行くのがつらくて、サボってしまったこともあった。でも、男子サッカー部の練習には姿《すがた》を現《あらわ》さなくても、19時からの星稜《せいりょう》ＰＥＬ《ペル》の練習には必ず姿《すがた》を現《あらわ》した。

決してサッカーが嫌《きら》いになったわけではない。むしろ大好きで、人一倍うまくなりたい気持ちを持っている。その証拠《しょうこ》に美穂《みほ》は男子サッカー部を辞《や》めることなく、3年間やり通した。試合に出られるわけでもない、ずっとBチームでの練習で、毎日突《つ》きつけられる現実《げんじつ》。中学生の彼女《かのじょ》が逃《に》げ出したくなるのも無理はなかった。それでもそのまま部活に行かなくなることはなく、毎回ではなかったが、卒業まで男

アルビレックス新潟レディースＵ―15
Jリーグに加盟《かめい》するアルビレックス新潟の下部組織《そしき》である女子中学生世代のサッカーチーム。

子サッカー部の練習には顔を出し続けた。

そして、志望校を決めないといけない時期に差しかかると、彼女《かのじょ》の心境《しんきょう》にちょっとした変化が見られるようになった。

今の自分の実力で県外の強豪校《きょうごうこう》に行って通用するのだろうか。星稜《せいりょう》PEL《ペル》でアルビレックス新潟レディースU—15と戦っても、相手の選手全員が自分よりレベルは圧倒的《あっとうてき》に上だった。北信越《ほくしんえつ》から飛び出せば、さらに上がいる環境《かんきょう》。無理に県外に出てチャレンジするのは違《ちが》うのではないかと思い始めたのだった。

自分の実力は自分でわかる。中学校や高校の女子サッカーの世界において、関東や東海、関西、東北の力は圧倒的《あっとうてき》で、その地域《ちいき》の強豪校《きょうごうこう》に進んでも中学の部活で味わったような、厳《きび》しい現実《げんじつ》が待ち構《かま》えている。だが、実はこの時、石川県内の高校にはどこにも女子サッカー部がない状態《じょうたい》だった。

(どうしたらいいんだろう…)

そう考えた時、ある案が美穂《みほ》の頭に浮《う》かんだ。

（そうだ！　ないならつくればいいんだ！）

星稜《せいりょう》中学校からそのまま星稜《せいりょう》高校に進み、サッカー部を自分が作ればいい。そう考えた美穂《みほ》は、「星稜《せいりょう》高校に女子サッカー部をつくってくれませんか？」と、すぐに父や周りに相談をした。

「人数を集めないとできないですね。人数がいれば、可能性《かのうせい》はゼロではありません」

この答えに美穂《みほ》は希望を見出《みいだ》した。

（人数を集めたら、つくれるかもしれない！）

そう思った美穂《みほ》は、隣町《となりまち》から星稜《せいりょう》ＰＥＬ《ペル》に通い、高校は地元の学校に行く予定だった山田友理香《やまだゆりか》を星稜《せいりょう》高校に必死で誘《さそ》い、もう１人のチームメイトである子と３人で星稜《せいりょう》高校に入学した。

やれることは全部やる

美《み》穂《ほ》は入学式が終わった後すぐに1年生の全クラスを回って、女子たちに「一緒《いっしょ》にサッカーをやりませんか？」と声をかけた。

もちろん断《ことわ》られることもあったが、当時スポーツ科を除《のぞ》く14クラスすべてに顔を出し、熱心に誘《さそ》った結果、美《み》穂《ほ》を含《ふく》めて14人が集まった。

その14人の中には、中学生の時に野球部のマネージャーをやっていた子であったり、高校で部活をやるかどうか迷《まよ》っている子もいた。サッカー経《けい》験《けん》者《しゃ》は3人以外ゼロだったが、14人になったことで美《み》穂《ほ》はすぐに学校にサッカー部を作ることを交《こう》渉《しょう》した。

その結果、「今年度からは厳《きび》しいから、このまま人数を維《い》持《じ》して同好会として続けてくれたら、来年から部にすることはできる」と回答を得《え》た。

現《げん》時《じ》点《てん》では部にすることはできないが、1年間同好会としてきちんと活動し続ければ正式な部になる。美穂《みほ》にとって、これは大きな希望となった。

星稜《せいりょう》ＰＥＬ《ペル》でチームメイトだった３人以外は、まったくサッカーをやったことがない初心者だったからこそ、美穂《みほ》はまずみんなにサッカーを好きになってもらうこと、少しずつだけどうまくさせてあげることが自分たち経験者《けいけんしゃ》の重要な役割《やくわり》だと思っていた。そして、同好会として活動する１年間はサッカーを好きになってもらって、サッカー部になったら、みんながみんなでチームを作り上げていこうと強く思った。そのためサッカー部になるまでのこの１年間は、やれることを全部やろうと誓《ちか》ったのだった。

同好会の活動は週１日。毎週木曜日に学校の人工芝《じんこうしば》グラウンドの横にある屋内練習場で行われた。ハンドボールコートよりも狭《せま》い場所だったが、14人はボールを蹴《け》り続けた。美穂《みほ》が監督《かんとく》、友理香《ゆりか》がヘッドコーチとなって、ボールを蹴《け》ることができなかった子たちにていねいに教えながら、レクリエーションを交えるなど、いかにサッカーを楽しめるかを考えて週１回の練習に精《せい》を出した。

そして美穂《みほ》たちサッカー経験者《けいけんしゃ》の３人は、練習が終わると、19時から始まる星《せい》稜《りょう》ＰＥＬ《ペル》の練習に参加していた。３人は星稜《せいりょう》ＰＥＬ《ペル》に籍《せき》を残して、ユースチームの練習で技術《ぎじゅつ》を磨《みが》いていたのだった。

さらに星稜《せいりょう》ＰＥＬ《ペル》の練習は毎週火曜日、金曜日と土日のみだったため、美穂《みほ》は友理香《ゆりか》と２人で父が率《ひき》いる星稜《せいりょう》高校の男子サッカー部にも在籍《ざいせき》し、同好会の練習がない日に、男子たちと一緒《いっしょ》に汗《あせ》を流していた。男子サッカー部では中学サッカー部と同じく、部内で一番下のカテゴリーのチームでの練習だったが、美穂《みほ》は父と同じグラウンドに立てた。時には父からあいさつの面など厳《きび》しい指導《しどう》を受けながら、「お父さんとの時間を作りたい」というサッカーを始めた当初の思いを叶《かな》えていた。

同好会での３人は、指導者的《しどうしゃてき》な立場で、みんなに教えながらサッカーを楽しむ。星稜《せいりょう》ＰＥＬ《ペル》では同じ女子の中で自分の技術《ぎじゅつ》を磨《みが》いて、男子サッカー部では、もう一度現実《げんじつ》を突《つ》きつけられながら厳《きび》しい環境《かんきょう》でサッカーに打ち込《こ》む。この３つの環《かん》境《きょう》を、彼女《かのじょ》たちはフルに活《い》かしながら成長を求めた。

女子サッカー部創設《そうせつ》

そして1年が過《す》ぎ、4月から正式な部活になることが決まった。同好会時代は週1回の練習で、試合は1試合もなく、みんなで楽しみながらボールを蹴《け》っていた。

だが、正式な部となれば公式戦もするし、練習も週4〜5日と多くなる。

同好会時代のように楽しむことも大切にする一方で、試合をする以上、サッカーをみんなで一生懸命《いっしょうけんめい》やらないといけない。当然、顧問《こもん》がついて厳《きび》しさも出てくる。

そう思った美穂《みほ》は高校1年生の冬に1年間ずっと一緒《いっしょ》にやってきてくれた全員を休み時間に集めると、「部になるから、本格的《ほんかくてき》に続けたい人が続ける形にしよう」と提案《ていあん》をした。

結果、9人が残ることになった。

ここでやめる子を責《せ》めることは一切《いっさい》できない。逆《ぎゃく》にこの1年間続けてくれてありがとうと、美穂《みほ》は心からそう思った。

仲間が続けないのは寂《さび》しいが、そこは美穂《みほ》も彼女《かのじょ》たちの心境《しんきょう》をよく理解《りかい》していた。ただ、9人ではサッカーができない。そこで美穂《みほ》は来年度から入ってくる新入生に目を向けた。ちょうどこの時、星稜《せいりょう》ＰＥＬ《ペル》の後輩《こうはい》に星稜《せいりょう》高校に進む選手が1人いた。すぐにその選手を誘《さそ》うと、「私《わたし》も新入生集めを協力します」と言ってくれた。その後輩《こうはい》とともに新入生に声をかけると、5人の選手が集まった。

星稜《せいりょう》高校女子サッカー部は14名でスタートをした。ここでも美穂《みほ》が大事にしたことは、サッカーを嫌《きら》いにさせないことだった。1年間ボールを蹴《け》ってきたとはいえ、実戦経験《けいけん》はないし、広い正規《せいき》のピッチでサッカーをやるのは初めての子もいた。

この年、石川県では、星稜《せいりょう》高校だけでなく他にも3つの高校が女子サッカー部を立ち上げたことで女子サッカー部は4つになった。この中で星稜《せいりょう》高校は一番強く、この年からスタートしたインターハイ石川県予選で優勝《ゆうしょう》を果たすと、北信越《ほくしんえつ》大会の初戦ではいきなり強豪《きょうごう》の帝京長岡《ていきょうながおか》高校（新潟県）に0対0でＰＫ戦の末に勝利を収《おさ》めた。準決勝《じゅんけっしょう》では強豪《きょうごう》の福井工業大学附属福井《ふくいこうぎょうだいがくふぞくふくい》高校に大敗をし、全国大会出場

インターハイ
男子サッカーのインターハイ（全国高等学校総合《そうごう》体育大会サッカー競技大会）は1966年度から開催《かいさい》されていたが、女子サッカーのインターハイは2012年度より開催《かいさい》されるようになった。

ＰＫ戦
試合時間を終了《しゅうりょう》しても決着がつかなかった時、各チームが交互《こうご》にペナルティーキックを行い勝敗を決める方法。

はかなわなかった。しかし、1、2年生だけのチームで挑《いど》んだ初めての大会で上々《じょうじょう》の結果を残すことができた。

秋に行われた全国女子高校サッカー選手権《せんしゅけん》大会の予選である北信越《ほくしんえつ》大会では、初戦で富山国際大学付属《とやまこくさいだいがくふぞく》高校に0対4の敗戦を喫《きっ》してしまったが、順調に創部《そうぶ》1年目が終わり、いよいよ美穂《みほ》は高校3年生になったのだった。

ラストチャンス

これが本当に最後の1年。美穂《みほ》は絶対《ぜったい》にこのチームで高校選手権《せんしゅけん》に出ると決めていた。

この1年間、サッカー部になってから、1人も部を辞《や》めていない。これも美穂《みほ》にとって誇《ほこ》りであった。全員で最後まで戦いきる。新1年生も全員が未経験者《みけいけんしゃ》ではあるが5人加わり、総勢《そうぜい》19人で最後のチャンスにかける1年がスタートしたのだった。

春、美穂《みほ》は19人全員を集めてミーティングを行った。

「私《わたし》は高校選手権《せんしゅけん》に出ることにかけてきたし、今年がそのラストチャンス。私《わたし》は絶《ぜっ》対《たい》にここに出たいから、みんなで本気になって、これからの練習は昨年よりも多少厳《きび》しくなるとは思うけど、全員で最後まで1つになって目指したい」

真剣《しんけん》な表情《ひょうじょう》で自分の思いをぶつけた。当然、簡単《かんたん》な壁《かべ》じゃない。県外の高校と練習試合をすれば大敗をしてしまうほど、実力的には強くはなかった。でも、同好会から始めて、ここまで作り上げた最高の仲間たちと本気でやりきりたい。美穂《みほ》は本気だった。

新1年生は全員が初心者だから、美穂《みほ》からいきなり全国と言われても当然ピンとこないし、正直驚《おどろ》きしかなかった。新入生の1人だった須戸菜月《すどなつき》も最初は何が何だかまったくわからなかったという。

菜月《なつき》はもともとサッカーは好きだったが、それはJリーグを好きで観《み》ていた程度《ていど》で、星稜《せいりょう》高校に入ることが決まってから、その年の高校選手権《せんしゅけん》で男子サッカー部が全国ベスト4に入ったのを見て、サッカーをやることに興味《きょうみ》がわいたという。加えて友理香《ゆりか》が同じ中学校の先輩《せんぱい》だったこともあり、彼女《かのじょ》からの誘《さそ》いを受けて入部したのだった。

彼女《かのじょ》はそもそも女子にも高校サッカー選手権《せんしゅけん》があることを知らなかったし、インターハイも石川県で優勝《ゆうしょう》をするだけではだめで、北信越《ほくしんえつ》大会を勝たないと全国に行けないことすら知らなかった。だからこそ、最初に美穂《みほ》が言っていたことの大変さが理解《りかい》できなかった。1年生5人にとって、「全国」はまったく想像《そうぞう》のつかない世界で、菜月《なつき》はただ1年生にやる気を促《うなが》すためだけに設定《せってい》した目標だと思っていた。

それでも菜月《なつき》たち1年生は徐々《じょじょ》に美穂《みほ》たち3年生の本気度を感じ取っていた。2学年上、1学年上の先輩《せんぱい》たちもほとんど初心者から始めたのに試合に出ているし、練習を一生懸命《いっしょうけんめい》にやっている。その姿《すがた》を見て1年生も「私《わたし》たちも試合に出ることは不可能《ふかのう》ではない」と思うことができた。

だからこそ、美穂《みほ》と友理香《ゆりか》の本気に全員がついていった。厳《きび》しくするといっても、同好会時代のように1年生の初心者にはサッカーを嫌《きら》いにならないように、基本《きほん》から1つずつていねいに教え、中学生時代からの経験者《けいけんしゃ》である4人が中心となって、コーチとともに毎日サッカーに打ち込《こ》んだ。

星稜《せいりょう》高校女子サッカー部は、初心者ということを甘《あま》えにできない環境《かんきょう》になった。だが、その一方で美穂《みほ》たちは初心者の選手たちの技術《ぎじゅつ》が向上していることにいち早く気づき、すぐに声をかけてほめた。「それが私《わたし》たちにとってめちゃくちゃうれしかった」と菜月《なつき》が語ったように、たとえ普段《ふだん》が厳《きび》しくても、そういう些細《ささい》な変化や成長には気づいて、気分を盛《も》り上げてくれる。「これができるようになったね」とーつひとつ言ってくれることがモチベーションになり、次も言ってもらいたいという向上心をかき立てられた。実力差が埋《う》まらないのは仕方ないが、菜月《なつき》たちが美穂《みほ》や友理香《ゆりか》を始めとした3年生に必死に食らいついていこうとしたからこそ、星稜《せいりょう》高校女子サッカー部は徐々《じょじょ》に実力をつけていったのだ。

それに対して、美穂《みほ》も彼女《かのじょ》たちの必死のがんばりにもっとこたえようとした。「本気になれ」と言った以上、もっと自分たちがうまくならないと、一生懸命《いっしょうけんめい》ついてきてくれる他の選手に示《しめ》しがつかない。美穂《みほ》はさらにサッカーに真剣《しんけん》に取り組むようになった。

美穂《みほ》たちは3年生になっても、部活が終わると19時からの星稜《せいりょう》ＰＥＬ《ペル》の練習に参加し続けた。自分たちの練習が終わった後、グラウンドに残って星稜《せいりょう》ＰＥＬ《ペル》の練習に参加している姿《すがた》は、他の女子サッカー部員から見ても、タフだった。サッカー部と星稜《せいりょう》PEL《ペル》の練習のレベルは明らかに違《ちが》う。レベルの高い星稜《せいりょう》PEL《ペル》の中で懸命《けんめい》に練習をする美穂《みほ》たちの姿《すがた》を見て、菜月《なつき》たちは「私《わたし》たちが美穂《みほ》さんたちに迷惑《めいわく》をかけているんじゃないか」と思うほどだった。

だが、美穂《みほ》たちは初心者の選手たちに迷惑《めいわく》そうな態度《たいど》は1つも見せなかった。厳《きび》しい練習ではあったが、菜月《なつき》たちの声にはしっかりと耳を傾《かたむ》けてくれて、ミスがあったり、なかなか教えられたことができない時も、嫌《いや》な顔は一切《いっさい》せず、「ドンマイ」と盛《も》り立ててくれたり、何度もていねいに教えてくれた。そして、できたことや良いプレーはすべてほめ続けてくれた。たとえ試合で大敗しても、それは変わらなかった。

女子サッカー部では、指導者《しどうしゃ》、キャプテンとしてチームをまとめ、初心者の子たちがサッカーを嫌《きら》いにならないように、かつ、うまくなるように真剣《しんけん》に向き合う。そして星稜《せいりょう》PEL《ペル》の練習では、自分がうまくなるためには1分1秒も無駄《むだ》にできないという思いが伝わってくるほど真剣《しんけん》に取り組む。この美穂《みほ》の一生懸命《いっしょうけんめい》さと本気の熱意は、女子サッカー部の中に浸透《しんとう》した。何事にも一切《いっさい》手を抜《ぬ》かないサッカー部に対する熱い思いは後輩《こうはい》たちにも伝播《でんぱ》し、経験者《けいけんしゃ》と初心者という垣根《かきね》を越《こ》えた一体感がチームを包むようになった。

やるべきことをしっかりやっていた彼女《かのじょ》が先頭に立っていたからこそ、周りは必死でついていくことができた。

そして迎《むか》えたインターハイ予選は2勝して石川県王者になったが、北信越《ほくしんえつ》大会1回戦で松商学園《まつしょうがくえん》高校（長野県）に敗退《はいたい》。インターハイ全国出場を逃《のが》し、いよいよ残すは高校選手権《せんしゅけん》のみとなった。

厳《きび》しい夏合宿を全員で乗り越《こ》え、迎《むか》えた10月。石川県予選優勝《ゆうしょう》を果たすと、選手《せんしゅ》権《けん》出場3枠《わく》をかけた北信越《ほくしんえつ》大会が幕《まく》を開けた。初戦の相手はインターハイ北信越《ほくしんえつ》大会で敗れた松商学園高校。立ち上がりから一進一退《いっしんいったい》の攻防《こうぼう》が続き、0対0のまま試合終了《しゅうりょう》。勝負はＰＫ戦に委ねられた。

この試合で敗れた瞬間《しゅんかん》に、美穂《みほ》の高校サッカーが終了《しゅうりょう》する。ゴールキーパーの活《かつ》躍《やく》もあり、PK戦で5対3の勝利。勝てば代表が決まる準決勝《じゅんけっしょう》に駒《こま》を進めた。

準《じゅん》決勝の相手は北信越《ほくしんえつ》でもトップクラスの実力を誇《ほこ》る福井工大福井高校。圧倒的《あっとうてき》な実力を誇《ほこ》る相手に、星稜《せいりょう》高校は試合開始直後から押《お》し込《こ》まれた。相手の威圧感《いあつかん》に押《お》し切られる形で、自分たちのミスが重なり、スコアボードには次々《つぎつぎ》と福井工大福井高校のゴールの数が刻《きざ》まれていった。

失点はついに2桁《けた》に達した。だが、ピッチ上の誰《だれ》もが絶望感《ぜつぼうかん》を持っていなかった。福井工大福井高校との試合はいつも大差で負けていただけに、失点を重ねることはある程度《ていど》予想はできていた。だが、もし最初から勝負をあきらめたり、試合を捨《す》てるようなプレーをしたら、チームの成長にはつながらない。これは美穂《みほ》がチームの立ち上げ時から大事にしてきたことだった。

どんな状況《じょうきょう》になっても、声を切らさずに最後まで真剣《しんけん》に戦い抜《ぬ》こう。

この気持ちが共有できていたからこそ、失点を重ねてもチームから活気が失われなかった。端《はた》から見たらみっともない姿《すがた》かもしれないが、最後まで気持ちが折れないように、できることを最後までやりきる。

（私《わたし》たち経験者《けいけんしゃ》があきらめるような姿勢《しせい》を見せたら、周りの子たちにも大きな影《えい》響《きょう》を与《あた》えてしまう）

美穂《みほ》は強い気持ちを持ち続けた。

試合は0対23と大敗だったが、試合後に美穂《みほ》はすぐにみんなを集めてこう言った。

「どの失点も一生懸命《いっしょうけんめい》やった結果だよ。私《わたし》たちにはまだ3位決定戦というチャンスがあるよね。チャンスがある限《かぎ》り、私《わたし》は絶対《ぜったい》にあきらめない。落ち込《こ》むのは3位決定戦で負けた時だよ」

3位決定戦に勝てば、北信越《ほくしんえつ》第3代表として高校女子選手権《せんしゅけん》に出ることができる。この言葉に全員が背中《せなか》を押《お》された。同時に「やるしかない」と全員が吹《ふ》っ切ることができた。

ここでがんばらないと

3位決定戦の相手は大町北高校《おおまちきた》（長野県）。大町北高校は、準《じゅん》決勝で戦った福井工大福井高校と並《なら》んで北信越《ほくしんえつ》の強豪《きょうごう》である開志学園《かいしがくえん》ＪＳＣ（新潟県）を相手に敗れはしたが、１対２の接戦《せっせん》を演《えん》じたチームだ。

「絶対《ぜったい》に目標を達成しよう！」。

試合前の円陣《えんじん》で、キャプテンの美穂《みほ》はチームメイトの全員にこう呼《よ》びかけた。みんなは準決勝《じゅんけっしょう》での大敗のショックなど感じさせないほど、気合いみなぎったいい表情《ひょうじょう》をしていた。

試合は先に失点をするという苦しい展開《てんかい》だった。実力的には相手が上だけに、先制点《せんせいてん》を許《ゆる》したことはかなり厳《きび》しい状況《じょうきょう》であることを意味していた。

美穂《みほ》は必死だった。彼女《かのじょ》の気迫《きはく》に引っ張《ぱ》られるように星稜《せいりょう》高校が懸命《けんめい》の守備《しゅび》で追加点を与《あた》えないでいると、後半、ついにその執念《しゅうねん》が実り右コーナーキックを得《え》ることになった。

美穂《みほ》はボールに願いを込《こ》めてセットすると、ゴール前にいる友理香《ゆりか》にめがけて右足を振《ふ》り抜《ぬ》いた。ボールは友理香《ゆりか》の頭に届《とど》き、渾身《こんしん》のヘディングシュートがゴールネットに突《つ》き刺《さ》さる。

サッカー部を作り上げた2人のコンビネーションでついに同点に追いついた。

この後も大町北高校の猛攻《もうこう》が続くが、2人に勇気をもらった星稜《せいりょう》イレブンは最後まで集中力を切らさずに、1対1のままタイムアップ。初戦の松商学園高校戦同様、勝負はPK戦に委ねられた。

PK戦で勝利すれば悲願の全国大会出場である。負ければその瞬間《しゅんかん》に美穂《みほ》の高校サッカーが終わる。明暗がくっきりと分かれるPK戦が始まった。星稜《せいりょう》高校の1人目は美穂《みほ》。落ち着いて決めてチームに勢《いきお》いをつけると、星稜《せいりょう》高校のゴールキーパーが1本を止めて、4対3の勝利。ついに女子サッカー部創部《そうぶ》2年目で全国大会初出場をつかみとった。

「本当にがんばってきてよかった。みんなでやってきて良かった……」

歓喜《かんき》の輪の中に涙《なみだ》する美穂《みほ》の姿《すがた》があった。

一から作り上げたチームが、美穂《みほ》がずっと憧《あこが》れてきた高校選手権《せんしゅけん》の道を切り開いてくれた。一生忘《わす》れられない光景となった。

引き継《つ》がれるバトン

2014年1月11日。北信越《ほくしんえつ》第3代表として星稜《せいりょう》高校女子サッカー部は第22回全日本高校女子サッカー選手権《せんしゅけん》大会に初出場を果たした。初戦の相手は激戦区《げきせんく》・関東の第3代表である飛鳥《あすか》高校（東京都）。最初で最後となる選手権《せんしゅけん》は飛鳥《あすか》高校のハイレベルな攻撃力《こうげきりょく》の前に、0対9と大敗。初戦で姿《すがた》を消すことになったが、結果よりも全国まで上りつめた充実感《じゅうじつかん》は大きかった。

美穂《みほ》は心のどこかで正直ここまで来るのは厳《きび》しいと覚悟《かくご》していたので、達成できたことに自分でも驚《おどろ》きを隠《かく》せなかった。本物の全国レベルを肌《はだ》で感じ、テレビカメラやマスコミの数など、これまでの大会とは注目度も全然違《ちが》った。初戦で大敗したが、あの舞台《ぶたい》に立った者しか味わえない経験《けいけん》をすることができた。最高の舞台《ぶたい》で高校最後の試合を戦えたことは、美穂《みほ》たち3年生の中で一生の思い出になった。

それに美穂《みほ》にはもう1つ全国大会出場と同じくらいうれしいことがあった。それは自分が女子サッカー部を創部《そうぶ》してから、誰《だれ》ひとり途中《とちゅう》で辞《や》めることなく、最後までサッカーを一緒《いっしょ》に続けてくれたことだった。

振《ふ》り返ると、未経験《みけいけん》の初心者ばかりのチームで、うまくいかないことの方が圧倒《あっとう》的《てき》に多かったが、みんなの一生懸命《いっしょうけんめい》な姿《すがた》に美穂《みほ》自身もやる気を引き出されたのは間違《まちが》いなかった。

周りの選手からすれば、美穂《みほ》が「巻《ま》き込《こ》んだ子たち」でもあった。自身の夢《ゆめ》をかなえるため、高校の入学式から声を掛《か》け、下級生も周りの協力を得《え》ながらも自らがサッカー部に招《まね》き入れた。時には厳《きび》しい練習もあったし、練習試合も負けてばかりで本当に嫌《いや》になることが多かったはずなのに、誰《だれ》ひとり弱音は言わなかった。正直、「辞《や》める」と言われても仕方ないと思っていたが、誰《だれ》も辞《や》めなかった。

(本当にすごい子たちだな)

美穂《みほ》は最後までついてきてくれた仲間たちに心から感謝《かんしゃ》した。

その感謝《かんしゃ》の気持ちは、周りも美穂《みほ》に対して抱《いだ》いていた。菜月《なつき》は、サッカーを始めたばかりで1年も経《た》っていないのにいきなり全国大会の舞台《ぶたい》に立つことができた。

(美穂《みほ》さんたちがいなかったら、私《わたし》たちはこういう経験《けいけん》ができなかった)

自分たちの力でつかみとったというより、美穂《みほ》たちに連れていってもらったという認識《にんしき》だった。同時に美穂《みほ》たちの意志を引き継《つ》いで、「この女子サッカー部を大切にしないといけない」という自覚も生まれたという。

美穂《みほ》たちが残してくれた全国での経験《けいけん》をもとに、先輩《せんぱい》に恥《は》じないようないいチームをつくろうと、全員が前を向いて進むことができた。美穂《みほ》たちがやってきたことは、確実《かくじつ》に後輩《こうはい》たちへと引き継《つ》がれたのだ。

もう一度母校のグラウンドに

美穂《みほ》は卒業後、関西《かんさい》大学に進んだ。当時の関西大学の女子サッカー部は創部《そうぶ》2年目の新設《しんせつ》チームで、これからのチームだった。関西の強豪《きょうごう》である大阪《おおさか》体育《たいいく》大学という選択肢《せんたくし》もあったが、「星稜《せいりょう》高校で一からつくることに味をしめてしまったので」と、関西大学を選んだのだった。

大学で4年間、選手としてサッカーに打ち込《こ》みながらも、高校時代に養われた指《し》導者《どうしゃ》目線を持ちながら、後輩《こうはい》の指導《しどう》などにも積極的だった。

「サッカーは自分1人ではできない。仲間がいて初めて成り立つし、みんなでつかんだ結果だからこそ価値《かち》がある。それを私《わたし》は星稜《せいりょう》高校女子サッカー部で学ぶことができた。それをもっとみんなに伝えたいと思った」。

関西大学卒業後、美穂《みほ》は故郷《こきょう》の石川県に戻《もど》ってきた。地元の企業《きぎょう》に就職《しゅうしょく》したが、仕事を終えると、ジャージに着替《きが》えて母校のグラウンドに立っていた。彼女《かのじょ》は中学時代から在籍《ざいせき》する星稜《せいりょう》ＰＥＬ《ペル》にコーチとして帰ってきたのだった。

さらに、父と同じ場所で指導者《しどうしゃ》になったことでまた新たな目標を得《え》た美穂《みほ》は、その年の11月に勤《つと》めていた企業《きぎょう》を辞《や》め、星稜《せいりょう》ＰＥＬ《ペル》の監督《かんとく》に就任《しゅうにん》するとともに、自らが作った星稜《せいりょう》高校の女子サッカー部のコーチにもなった。

そして、高校女子選手権《せんしゅけん》の石川県予選のベンチにも入ることができた。チームは残念ながら負けてしまったが、美穂《みほ》にとっては感慨深《かんがいぶか》いことだった。自分が立ち上げた星稜《せいりょう》高校女子サッカー部がずっと継続《けいぞく》して活動し、自分が指導者《しどうしゃ》という立場で高校女子選手権《せんしゅけん》予選のベンチに座《すわ》ることができている。

自分の想《おも》いは確実《かくじつ》に継承《けいしょう》されている。あきらめないで掛《か》け替《が》えのない仲間とやってきたことは決して間違《まちが》いでなかったと再認識《さいにんしき》することができた。

今、美穂《みほ》が見つめている未来は、星稜《せいりょう》ＰＥＬ《ペル》と星稜《せいりょう》高校女子サッカー部をもっと強くしたいということだ。あの時と変わらず、初心者の子でも一生懸命《いっしょうけんめい》、楽しみながらやれることも大事にしながら、「女子サッカーをがんばってよかったな」と思ってもらえるように、もっと指導者《しどうしゃ》としての経験《けいけん》を積んで、石川県の女子サッカーをもっと盛《も》り上げていきたい。

夢《ゆめ》には続きがある。美穂《みほ》はあの時と変わらない目で、後輩《こうはい》たちを温かく見つめている。

（文／安藤隆人）

STORY. 4

痛《いた》みを知ったゆえに

奈《な》良《ら》県《けん》立《りつ》桜《さくら》井《い》高等学校　野球部

奈良県桜井《さくらい》市

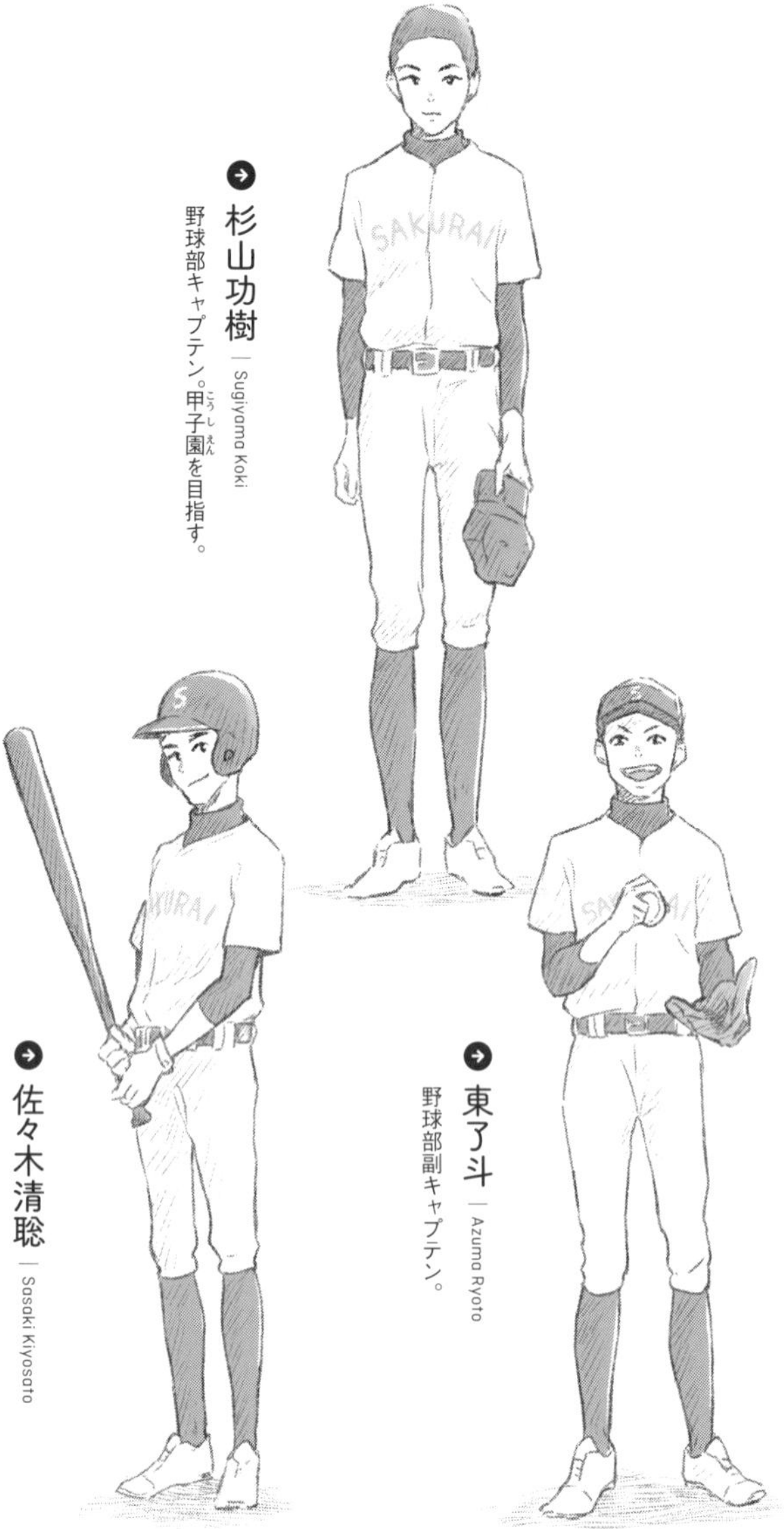

杉山功樹　Sugiyama Koki

野球部キャプテン。甲子園《こうしえん》を目指す。

東了斗　Azuma Ryoto

野球部副キャプテン。

佐々木清聡　Sasaki Kiyosato

野球部部員。子どもときに大けがをした。

まだあきらめない

試合は決着したと言ってもよかった。

第95回全国高校野球選手権《せんしゅけん》大会の1回戦・桜井《さくらい》高等学校対作新学院《さくしんがくいん》高等学校の試合は、9回を迎《むか》えた時点で10点以上の差がついていた。

甲子園《こうしえん》の優勝経験《ゆうしょうけいけん》が多くある相手に試合開始から圧倒《あっとう》されてしまったが、それでも、桜井高校のキャプテンの杉山功樹《すぎやまこうき》にあきらめる気持ちなどなかった。

まだまだあきらめない――。

杉山《すぎやま》は、チームメイトたちそれぞれにある物語など知る由《よし》もなかったが、心の中にある熱い闘志《とうし》を試合が終わるまで冷まさないつもりでいた。

振《ふ》り返ると、桜井高校野球部での3年間の日々《ひび》は順風満帆《じゅんぷうまんぱん》ではなかった。

入学したころは刺々《とげとげ》しかった自分が懐《なつ》かしい。素晴《すば》らしいチームメイトに会い、その中で自分は変化し、今、この舞台《ぶたい》に立つことができているのだ。

こと、普段《ふだん》はランナーコーチを務《つと》めているが、9回に代打で出場してタイムリーを放った、同学年の佐々木清聡《ささききよさと》には一目を置いていた。

その要因《よういん》の一つに、桜井高校が目指している野球がいっぷう変わっていたことにある。指揮《しき》をとる森島伸晃監督《もりしまのぶあきかんとく》は独創的《どくそうてき》な指導《しどう》理念の持ち主で、いわゆる、世間一般《せけんいっぱん》の高校野球にありがちなものがこのチームにはなかった。言いかえれば、はたから見ると異質《いしつ》な取り組みをしていた。入部したてのころはとまどう選手も多いのだが、チームメイトの佐々木《ささき》だけは、この野球を自然にこなしてしまうのだった。

だから、杉山《すぎやま》はいつも佐々木《ささき》に惹《ひ》かれていた。キャプテンに立候補《りっこうほ》した自分が、3塁《るい》ランナーコーチに佐々木《ささき》を指名したのも、絶大《ぜつだい》な信頼《しんらい》があったからだった。

ランナーコーチ
1塁《るい》および3塁脇《るいわき》のファウルゾーンにあるコーチスボックスで、打者や走者に指示《しじ》を送るベースコーチのこと。

タイムリー
塁《るい》上のランナーを本塁《ほんるい》に還《かえ》すヒットのこと。

結果がすべてでは？

桜井高校はふつうの県立高校である。

杉山《すぎやま》らが入学した２０１１年の夏、奈良県大会の決勝戦まで勝ち進んだが、毎年、こういうことが起こるわけではなく、１回戦で負けることもしばしばあった。

森島監督《かんとく》が就任《しゅうにん》して以降《いこう》は勝つことが多くなったが、ふつうの公立高校らしく、時に勝つことはあっても、常勝軍団《じょうしょうぐんだん》などではなかった。

そのため、入学してくる野球部員の目標はばらばらである。甲子園《こうしえん》に行きたいと口にする選手は少なくないが、入学当初から本気で目指していた人は皆無《かいむ》に等しかった。

ただ、杉山《すぎやま》だけはその気持ちがあった。

小学2年生の時に野球を始めた少年時代の杉山《すぎやま》は、主力選手として活躍《かつやく》した。小《こ》柄《がら》ではあったが、人一倍負けん気が強く、クリーンアップを打つなどレギュラーを

クリーンアップ
野球において、ランナーを本塁《ほんるい》に還《かえ》して得点《とくてん》を期待される強打者。おもに3、4、5番打者をいう。

張《は》っていた。中学生になると、ボーイズリーグの強豪《きょうごう》チームへ自ら望んで入団《にゅうだん》するほど、野球の世界で一花咲《さ》かせようという気概《きがい》を持っていた。

中学時代に所属《しょぞく》したそのチームは、朝から夜《よる》遅《おそ》くまで練習を課すような厳《きび》しいスタイルで、杉山《すぎやま》はそこで野球に没頭《ぼっとう》した。朝5時に起きてティーバッティングからはじめ、夜12時まで練習する。練習場は自宅《じたく》から遠いところにあったが、親に頼《たの》み込《こ》んで、毎日、練習に付き合ってもらった。

最終的にはレギュラーをつかむことはできなかったが、自分の技術《ぎじゅつ》が高まっていくことが実感できる毎日は、杉山《すぎやま》にとって充実《じゅうじつ》していた。努力し続けることが先につながっていく。

「俺《おれ》の野球は中学時代に培《つちか》われたものだ」

そう言ってはばからなかった。

ところが、学力相応《そうおう》で進学した桜井高校はまったく自分の想像《そうぞう》とは真逆《まぎゃく》のスタイルのチームだった。練習時間が少ないばかりか、野球以外の取り組みが多かった。

ボーイズリーグ
正式名称《せいしきめいしょう》は日本少年《にほんしょうねん》野球連盟《やきゅうれんめい》。小学生、中学生世代の硬式《こうしき》少年野球の団体《だんたい》。全国で数多くのチームが加盟《かめい》している。

ティーバッティング
棒《ぼう》の先端《せんたん》に載《の》せたボールや、軽くトスされたボールを打つ練習方法。

監督《かんとく》である森島は桜井高校に赴任《ふにん》する以前、斑鳩《いかるが》高校で2度の甲子園《こうしえん》出場があった。指揮官《しきかん》としての腕《うで》は誰《だれ》もが認《みと》めるところではあったが、それ以上に独創《どくそう》的な思考を持っている稀《まれ》な指導者《しどうしゃ》だった。「人間力」をテーマに掲《かか》げ、野球そのものよりも日常《にちじょう》生活などを重視《じゅうし》しているのだ。

野球部の部活指導《しどう》であっても、野球だけに必要となる能力《のうりょく》を高めていこうという物差しではなく、人としての成長を見つめている。人間には表も裏《うら》もなく、どんな状況《じょうきょう》であっても同じ人間であることには変わらないという観点に立っており、野球でできることを日常《にちじょう》に活《い》かし、またその逆《ぎゃく》も然《しか》りで日常《にちじょう》でできることを野球に活かそうという考え方だった。

練習をすること以外の取り組みとは、あいさつはもちろんのこと、他人への気遣《きづか》い、授業《じゅぎょう》中の態度《たいど》などだった。日常《にちじょう》の生活をしている中で、目についたゴミを拾うことや、素手《すで》・素足《すあし》で実践《じっせん》するトイレ掃除《そうじ》など、多岐にわたった。

ただ森島監督《かんとく》はそれを選手に押《お》しつけるのではなく、それをする意義《いぎ》や生きていく上で人として強くなっていくことの重要性《じゅうようせい》を説く指揮官《しきかん》でもあった。

斑鳩《いかるが》高校
2005年に奈良県立片桐《かたぎり》高等学校と統合《とうごう》され、奈良県立法隆寺《ほうりゅうじ》国際《こくさい》高等学校となった。

しかし杉山《すぎやま》は、そんな森島監督《かんとく》の言うことに耳を傾《かたむ》けようとはしなかった。彼《かれ》にはやはり中学時代の野球が染《し》みついていたからだった。「人間力を高める」という方針《ほうしん》に理解《りかい》は示《しめ》すものの野球の試合の中での打った、打たなかった、勝った、負けたの世界で勝負しようとしてきた杉山《すぎやま》からすれば、到底《とうてい》、聞こえのいい話にしか聞こえなかった。

(野球で結果を見せたらええんやろ。グラウンドでのプレーがすべてや)

そう考えていた杉山《すぎやま》は野球の練習を誰《だれ》よりもした。他の選手がどう思うかに気にせず、下級生の時は先輩《せんぱい》を追い抜《ぬ》くことだけをひたすらに考え、野球がうまくなること、そして、甲子園《こうしえん》出場を目指した。

事実、杉山《すぎやま》は1年生の夏からベンチ入りを果たした。その時、桜井高校は夏の県大会で準優勝《じゅんゆうしょう》を果たすのだが、「実力勝負」の世界で1年生からメンバーに入れたことで、自分は野球だけをしていれば認《みと》められるという考えが変わることはなかった。

かみ合わない現実《げんじつ》

時が過《す》ぎて、自分が最高学年になってキャプテンになっても、その考えに変化はなかった。

「お前、浮《う》いているぞ」

そう声をかけてきたのは副キャプテンの東了斗《あずまりょうと》だ。

野球は実力の世界だと突《つ》っ走《ぱし》ってきたが、その思いの強さに、チームメイトと溝《みぞ》ができていることは杉山《すぎやま》本人も感じていた。どちらかというと自分の情熱《じょうねつ》に追いついてこられない奴《やつ》らに問題があると思っており、チームメイトたちと同じ目線になろうとしなかった。

そんな折、自分と同じ負けん気の強いタイプの人間である東に現実《げんじつ》を突《つ》きつけられる言葉を伝えられたのだった。

「みんなお前を嫌《いや》がっている。ついていきたいと思っているやつはおらへんぞ」

甲子園《こうしえん》が最大の目標である杉山《すぎやま》にとって、東からの言葉はショックだった。だが、現実《げんじつ》問題として、チームメイトとそのような関係になることは本望ではなかった。

（甲子園《こうしえん》に行きたい）

杉山《すぎやま》は自分と同じ思いをただチームメイトに共有してほしいだけだった。

そこから杉山《すぎやま》は自分からチームメイトの輪に入るため、森島監督《かんとく》の理念を自分の中に取り入れることにした。野球だけをしておけばいいという考え方から、野球以外のことにも取り組むことになる。

誰《だれ》もが甲子園《こうしえん》を本気で目指しているわけではない桜井高校の野球部という環境《かんきょう》、そして、このスタイルでチームを作り上げていくしかない。そう思った杉山《すぎやま》は東をはじめ佐々木《ささき》の人間性《にんげんせい》をようやく知るようになった。

もともと学校から帰宅《きたく》する方向が同じだった杉山《すぎやま》、東、佐々木《ささき》の3人は、森島監《かん》督《とく》がいう難解《なんかい》な野球について話すようになった。そして杉山《すぎやま》には、チームメイトの誰《だれ》よりも、佐々木《ささき》が森島監督《かんとく》の野球を理解《りかい》していることがすぐにわかった。

佐々木《ささき》の森島野球への取り組みはレベルが高かった。ゴミ拾いなどの日常《にちじょう》の心がけは、それに慣《な》れていない人間からすると高いハードルだったが、佐々木《ささき》の行い方はすべてにおいて自然だった。指導者《しどうしゃ》に言われたからやるというレベルのものではなくて、自然に行動していた。

（こういうのも野球にも活《い》かせるんちゃうかなあ）

実は、佐々木《ささき》は杉山《すぎやま》たちよりも先駆《さきが》けてそんなことを思っていたのだ。そうした佐々木《ささき》の姿勢《しせい》はチームメイト全員が見習っていたほどで、誰《だれ》よりも信頼《しんらい》できる男であった。

東も杉山《すぎやま》と同じような感情《かんじょう》を佐々木《ささき》に抱《いだ》いていた。佐々木《ささき》には自分たちとは異《こと》なる解釈《かいしゃく》ができていると思っていた。

森島監督《かんとく》が言ったことを言葉のままに受け止めるのではなく、様々《さまざま》な視点《してん》から咀《そ》嚼《しゃく》して理解《りかい》することができる。３人は一緒《いっしょ》に帰ることが多かったから、話し合ううちに、それぞれの森島野球への理解《りかい》は日ごとに変わっていった。

森島監督《かんとく》の教え

森島監督《かんとく》は、例えば礼をした時、他人が後ろから持ち上げようとすると実は持ち上がらないと説明する。重心が低いというだけでなく、礼を行う気持ちというのは意識《いしき》すると身体のすみずみまで反応《はんのう》し、武道《ぶどう》でいう体に芯《しん》が通ることになるからだ。それと同じように、ゴミを拾う時の姿勢《しせい》と落ちているお金を拾う時の姿勢《しせい》は外から見れば同じように見えるが、もし上から押《お》さえつけられてもはねのけられるのは、よこしまな気持ちで意識《いしき》が散漫《さんまん》になっているお金を拾う姿勢《しせい》ではなく、きれいにしようとする気持ちで身体に芯《しん》が通っているゴミ拾いの姿勢《しせい》なのである。ゴミを拾うという行為《こうい》そのものに人間の身体の芯《しん》を強くする要素《ようそ》が含《ふく》まれているというのだ。

佐々木《ささき》と一緒《いっしょ》に過《す》ごすうちに、彼《かれ》らもそうした日常《にちじょう》における体験を野球に活《い》かしていく重要性《じゅうようせい》を感じるようになった。

また桜井高校の選手たちは、試合に勝つ、あるいは、ホームランやヒットなどを打ってもガッツポーズをしたり、喜《よろこ》びを表現《ひょうげん》することを避《さ》けていた。これは当時の報道《ほうどう》にも多く取り上げられた彼《かれ》らのスタイルだったが、ただガッツポーズをする行《こう》為《い》自体を否定《ひてい》していたのではなく、ガッツポーズをすることで、重心が変動するということを実体験として知っていたからだった。

礼やゴミ拾いのケースのように、身体に芯《しん》が通って強い体を保《たも》てるということに力点を置くと、普段《ふだん》の取り組みからすべて変わってくるのだ。

つまり、野球をするのは勝ち負けを決めるためだけではなく、野球を通して得《え》たものを日常《にちじょう》生活にどのように活《い》かしていいのかということであり、試合に勝っても負けても、その先にあるものが大切なのである。選手たちは、勝ったら喜《よろこ》び、負けたら落ち込《こ》むという発想がなくなり、野球を通じて何を得《え》ていくかを重視《じゅうし》するようになっていった。日常《にちじょう》生活でのふとした行為《こうい》、野球での所作、それらを別物としてとらえるのではなく、１つのものとして高いものにしていくことが彼《かれ》らの野球だった。一喜一憂《いっきいちゆう》しないという思考は、そうした考え方を熟知《じゅくち》していたからに他ならなかった。

ある選手の境遇《きょうぐう》

ただ、その考えを理解《りかい》し深めていくことは誰《だれ》もがすぐにできるわけではなかった。だからこそ、森島監督《かんとく》の教えを請《こ》うていた佐々木《ささき》の存在《そんざい》は杉山《すぎやま》にも東にも、当然、チームメイトにとっても大きかったというわけである。

とはいえ、そんな佐々木《ささき》は大きな難題《なんだい》を抱《かか》えていた。それはひざのけがだった。高校2年生の秋、小学生の時から痛《いた》めていた両ひざを手術《しゅじゅつ》し、長くプレーできなかったほどだった。

実は野球を始めた時から高校を卒業するまで佐々木《ささき》につきまとった長い苦しみの原因であったが、そもそも大阪に住んでいる佐々木《ささき》が奈良の県立高校に来たのも、そのけがが発端《ほったん》となっていたのである。

佐々木《ささき》が野球を始めたのは小学3年生のころだ。サッカーチームやボーイスカウトなどに入団《にゅうだん》したものの、いまひとつ、モチベーションが高まっていなかった時、友人から野球チームに誘《さそ》われた。

ポジションはサード。プロ野球選手に憧《あこが》れを持ったりはしなかったが、同じポジションにいる先輩《せんぱい》や試合で見るビッグプレーなどを参考にして、「自分もあんな選手、あんなプレーができるようになりたい」と向上心を持つようになっていった。「何をやってもしっくりこなかった」佐々木《ささき》の人生の中に、一つ没頭《ぼっとう》するものが見つかった。

ところが、そんな野球選手としての楽しみを感じ始めた折、激痛《げきつう》が佐々木《ささき》の両ひざを襲《おそ》った。離断性骨軟骨炎《りだんせいこつなんこつえん》という成長期に使いすぎをした時に患《わずら》う骨《ほね》の病気を負ってしまうのである。

最初に痛《いた》みを感じた時の診断《しんだん》は成長痛《せいちょうつう》ということでそれほど気にするものとは思っていなかった。ところが、日が経《た》っても痛《いた》みが引かないことからたくさんの病院で検査《けんさ》をするうち、ひざの裏《うら》からレントゲンを撮《と》る検査《けんさ》をした主治医から「骨《ほね》が欠けている」と言われたのである。
原因《げんいん》は両ひざに負荷をかけすぎていたことにあった。

当時の佐々木《ささき》は筋量《きんりょう》の増加《ぞうか》を目指そうと、小学4年生になってから登校時に限《かぎ》り、おもりを両脚《りょうあし》につけていた。バットにおもりをつけてスイングスピードを高めるのと同じような効果《こうか》を求めて、体におもりをつけることで強靭《きょうじん》な体にきたえあげようと思ったのだ。それこそ漫画《まんが》のようなイメージである。『巨人《きょじん》の星』や『キャプテン』など、スポ根漫画《まんが》にありがちなハードワークをすることで野球がうまくなる。そう短絡的《たんらくてき》に思いついた佐々木《ささき》は、片脚《かたあし》に2kgほどのおもりをつけることで筋力《きんりょく》の増加《ぞうか》を目指していたのだ。ところが現実《げんじつ》は、その行為《こうい》が骨《ほね》に負担《ふたん》をかけるという事《じ》態《たい》を招《まね》いていたのである。

医者からの通告《つうこく》は厳《きび》しいものだった。「野球を続けるべきではない」という意見や「ひざが変形してしまって、歩けなくなることもあり得《う》る」とまで言われた。野球を断念《だんねん》して手術《しゅじゅつ》を受ける選択肢《せんたくし》も通達されたが、それでも佐々木《ささき》は野球を辞める決断《けつだん》はしなかった。

その時の佐々木《ささき》にはもう、野球が生活の一部になっていたからだ。野球が好きで仕方がないというところまでの強い思いがあったわけではなかったが、野球をして

『巨人《きょじん》の星』
原作・梶原一騎《かじわらいっき》、作画・川崎《かわさき》のぼるによる野球漫画《まんが》およびそれを原作としたテレビアニメ。スポ根ジャンルの代表作でもある。

『キャプテン』
漫画《まんが》家ちばあきおによる野球漫画《まんが》およびそれを原作としたテレビアニメ。

いることで生活をしている実感がわくという日々《ひび》の充実感《じゅうじつかん》があった。野球をやることが当たり前のような感覚である。だから、中学校入学を前にした時点で手術《しゅじゅつ》をすることは考えなかったし、母親が「違《ちが》うスタイルの野球がある」と調べてくれた野球チームの存在《そんざい》を知ると、それこそ野球を辞《や》めるという選択《せんたく》は佐々木《ささき》の中から消えていたのである。

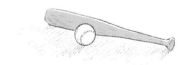

母親が見つけてくれた野球チームは、大阪府八尾《やお》市に活動の拠点《きょてん》を置いているボーイズリーグのチーム「八尾《やお》ペッカーズ」といった。激《はげ》しい運動をしないで野球をするスタイルで２００９年のドラフト会議で東北楽天《とうほくらくてん》ゴールデンイーグルスから指名を受けた西田哲朗《にしだてつろう》を輩出《はいしゅつ》する実績《じっせき》も残していた。

佐々木《ささき》は東大阪《ひがしおおさか》市に住んでいたが、家の近くにも同じボーイズリーグ所属《しょぞく》の野球チームがないわけではなかった。しかし、そこは大阪《おおさか》市にある大阪城公園まで走るようなハードワークをするチームで、佐々木《ささき》のひざの状態《じょうたい》から考えると、そういう厳《きび》しい環境《かんきょう》で野球を続けることはできなかった。

一方、八尾ペッカーズは体幹《たいかん》をきたえることを主としていて、トレーニングをしながら野球もするというチーム。ここでなら、ひざに負担《ふたん》をかけずにできると、佐々木《ささき》は手術《しゅじゅつ》をせずに野球を続けるという選択《せんたく》に至《いた》ったのだった。

八尾ペッカーズでは、結局、レギュラーになれなかったものの、自身がそれまで体験してきたものとは異《こと》なったスタイルの野球は佐々木《ささき》にとって新鮮《しんせん》な時間だったという。

八尾《やお》ペッカーズ
２０１３年に「八尾《やお》中央《ちゅうおう》ボーイズ」に改称《かいしょう》。

西田哲朗《にしだてつろう》
プロ野球選手。内野手。２０１８年に福岡ソフトバンクホークスに移籍《いせき》。

野球チームというと、それこそ、杉山《すぎやま》が所属《しょぞく》していたチームのような厳《きび》しい練習を長い時間をかけてやったりするものだが、八尾ペッカーズは野球の練習をしないわけではないのだが、それ以上に野球以外の取り組みを重視《じゅうし》していた。ゴミ拾いやあいさつ、靴《くつ》をそろえることなど、日常《にちじょう》生活を充実《じゅうじつ》させることで野球の質《しつ》を高めるということを方針《ほうしん》としていた。

佐々木《ささき》がここで体験したことの大きさは計り知れなかった。桜井高校野球部ではこうしたことを学んでいくが、佐々木《ささき》はそれ以前からペッカーズで野球以外から野球を見つめるということを経験《けいけん》できていた。野球と日常《にちじょう》の生活は別物だと思っていた佐々木《ささき》だったが、すべての行動は一つのものであるという森島監督《かんとく》の考え方にはすんなりなじめた。

徹底《てってい》してやっていたのはゴミ拾いや礼をしっかりする、靴《くつ》を並《なら》べるといった基本《きほん》的なことだが、もちろん、それらを実践《じっせん》したら、試合でヒットが打てる、劇的《げきてき》に野球がうまくなるということではない。

むしろ彼自身《かれじしん》の中に、野球をスポーツそのものから、日常《にちじょう》の中にある一つのものとして能力《のうりょく》を高めてくれるものだという発見になった。わかりやすいくいうと、例えば、ゴミ拾いをすると、無理矢理にでも視野《しや》を広めようとする。普段《ふだん》から周りをみるようになること、あるいは、見落としがちなところを探《さが》してゴミを拾おうとするその行為《こうい》が、勘《かん》を働かせることにつながったりするのだ。

ここに打球が飛んでくるかもしれない。

相手はこういうことを考えている。

こうして佐々木《ささき》はけがを抱《かか》えながら、激《はげ》しい運動をするのではなく、日常《にちじょう》生活やトレーニングを重視《じゅうし》したチームに所属《しょぞく》したことで野球を継続《けいぞく》することができたのである。

この時の佐々木《ささき》には「ひざの痛《いた》みが限界《げんかい》になるまでやろう」という覚悟《かくご》ができていた。骨《ほね》が完全にはがれてしまってもいい。それほどに野球をやるということが当たり前になり、日常《にちじょう》生活の一部になっていた。八尾ペッカーズに属《ぞく》したことで、彼《かれ》の人生は前に進み始めていた。

もちろん、八尾ペッカーズの指揮官《しきかん》を務《つと》めた竹中淳《たけなかじゅん》監督《かんとく》との出会いは大きい。彼《かれ》と出会ったことで、一時は断念《だんねん》しかけた野球を続けることができたのだ。

そして、その竹中監督《かんとく》から、もう1つの財産《ざいさん》として提案《ていあん》を受けたのが桜井高校への進学だった。大阪府に住む佐々木《ささき》からすれば驚《おどろ》きの提案《ていあん》だったが、竹中監督《かんとく》が尊《そん》敬《けい》する指導者《しどうしゃ》がいるチームに入ることが貴重《きちょう》な経験《けいけん》になるかもしれないと受け入れたのだった。

竹中監督《かんとく》の提案《ていあん》を受け入れたとはいえ、当時の佐々木《ささき》は桜井高校に関する知識《ちしき》を持っていたわけではなかった。当然、指揮《しき》をとる森島監督《かんとく》がどのようなスタイルの指導者《しどうしゃ》なのかさえも知ってはいなかった。竹中監督《かんとく》から「野球以外のことも大切に取り組んでいる森島先生がいる高校で、勉強してきてほしい」と薦《すす》められただけだった。竹中監督《かんとく》の意見を受け入れるだけでは何も見えてこないと思った佐々木《ささき》は、2010年の秋、桜井高校が秋季大会を戦う試合の観戦に奈良へ向かった。そして、初めて桜井高校野球部、そして、森島監督《かんとく》に出会うのだが、ここで生涯《しょうがい》忘《わす》れること

秋季大会
秋季都道府県大会での成績優秀校《せいせきゆうしゅうこう》は地区大会へ進出する。さらに各地区大会での優勝《ゆうしょう》校《こう》は、全国大会である明治神宮野球大会・高校の部に出場権《しゅつじょうけん》を得《え》る。

のできない体験をすることになる。

秋季大会の試合を見終えた佐々木《ささき》は、竹中監督《かんとく》に引きつれられ、試合から引き揚《あ》げてくる森島監督《かんとく》のことを待った。そして、あいさつを交わした。

「うちに来たいんか。来るんやったら来たらいいと思う」

竹中監督《かんとく》に紹介《しょうかい》された後、ほんの短い会話を交わしただけだったが、森島監督《かんとく》が差し出してきた手を握《にぎ》ると電気が走るような感覚が佐々木《ささき》の指先に伝わってきたのだ。

(この人のもとで野球をしよう)

佐々木《ささき》は即決《そっけつ》し、受験勉強に取りかかった。

自分にできること

「大阪から来てるのか」

入学して佐々木《ささき》と友人になった東と杉山《すぎやま》が抱《いだ》いた感情《かんじょう》はその程度《ていど》だった。「遠いところから来ているんやな」とは思ったが、それ以上の感情《かんじょう》はわかなかった。1人の仲間として野球をしていく存在《そんざい》にすぎなかった。ただ、距離《きょり》が縮《ちぢ》まっていくうち、佐々木《ささき》が持っている情熱《じょうねつ》と森島野球への理解力《りかいりょく》はすぐにわかった。

こと、佐々木《ささき》自身のことに関して記すと、小学生の時に痛《いた》めたひざとの闘《たたか》いはまだ続いていた。むしろ、悪化傾向《けいこう》にあり、本人の野球への熱意とは逆《ぎゃく》の方向に向いていた。

それでも佐々木《ささき》は野球を辞《や》めようとはしなかったが、高校2年生の秋、佐々木《ささき》のひざの骨《ほね》はついにはがれた。高校球児としての生活を順風満帆《じゅんぷうまんぱん》にすごしていたが、骨《ほね》を修復《しゅうふく》する手術《しゅじゅつ》を受けることを余儀《よぎ》なくされた。

当然、それは苦渋《くじゅう》の選択《せんたく》でもあった。

というのも、そのころの佐々木《ささき》はわりと調子が良く、レギュラーを獲得《かくとく》できる立ち位置にいたからだ。手術《しゅじゅつ》をして、長期の離脱《りだつ》をするということがどういうことを意味するのか、佐々木《ささき》は重々理解《じゅうじゅうりかい》していた。

さらにいうと、手術《しゅじゅつ》をして離脱《りだつ》する期間の長さだけではなく、その後のことへの危惧《きぐ》があった。

(けがの痛《いた》みは手術《しゅじゅつ》をすれば治まるだろう。しかし、その後、練習についていけるんだろうか、元どおりのプレーができるのだろうか)

不安はぬぐえなかった。

そして、手術後その予感は不幸にも的中してしまう。ひざ以外にも肩《かた》などをけがしてしまった佐々木《ささき》はレギュラーを取りそこなってしまったのだった。

だが、佐々木《ささき》にとってこの離脱《りだつ》期間が人生の大きな分岐点になったのもまたまぎれもない事実だった。野球ができなくなり、順調な成長曲線を描《えが》けなかったことは「高校球児」という物差しだけで測《はか》ったなら、高校野球人生に影《かげ》を落とす事態ではあった。しかし、人生トータルで見た時に、野球ができない時期がプラスに作用した。

佐々木《ささき》はそう受け止めた。

離脱《りだつ》していた間、佐々木《ささき》は自分の腹《はら》のなかで決めていたことがあった。

(今の自分にできることは筋《きん》トレをすることではなくて、チームのためになること)

野球ができないもどかしさは少なからずあったのだが、気持ちをチームメイトのためにという方向に向けてからはむしろ、得《え》るものは大きかった。

この時期の佐々木《ささき》は練習を休むこともほとんどなく、松葉杖《まつばづえ》をつきながらのボール拾いやノックのボール渡《わた》し、チームメイトのストレッチなど裏方に徹《てっ》していたことで、いつもと違《ちが》う角度からの桜井高校野球部をみられたのだ。

それが佐々木《ささき》に、また、違《ちが》った人生観を生むことになった。

練習を俯瞰《ふかん》してみることができたため、選手としてプレーしていた時には気づけなかったことに勘《かん》が働くようになった。練習内容《ないよう》への疑問《ぎもん》などが浮《う》かび、チームメイトに声をかけることができるようになった。体の使い方に関しても、けがをしていなければわからなかった些細《ささい》なことにも気づけるようになった。チームのためにしていることが、そのまま自分の視野《しや》を広くすることになり、そこに喜《よろこ》びを感じていた。

そして何より、監督《かんとく》と近くで接《せっ》することが多くなったため、森島監督《かんとく》が発する言葉の意味などを深く考える絶好《ぜっこう》の機会にもなった。森島監督《かんとく》の指導哲学《しどうてつがく》をチームメイトより先んじて理解《りかい》を深められるようになった。いわば、チームにおける存在意義《そんざいいぎ》が高まったのだった。

夏の奈良県大会を迎《むか》えた時にはチームは一つになっていた。とげとげしかったキャプテンの杉山《すぎやま》は、森島監督《かんとく》の野球を深く理解《りかい》できるようになっていた。当然、そばに佐々木《ささき》や東がいたからだ。

杉山《すぎやま》が心に抱《いだ》いていた「甲子園《こうしえん》に行きたい想い」はチーム全体が共有することになっていた。チームを巻《ま》き込《こ》み、監督《かんとく》までも「この夏はうちが甲子園《こうしえん》に行くことが決まっている」とまで言いだしたほどだ。

「自分たちがやってきたことをこのまま継続《けいぞく》していけば甲子園《こうしえん》に行ける」

チーム内から、そんな声が当たり前のように聞こえてきたのだった。

迎《むか》えた本番、桜井高校は見事に甲子園《こうしえん》出場を果たした。奈良県には智辯学園《ちべんがくえん》高校や天理《てんり》高校、奈良大学附属《ならだいがくふぞく》高校といった強豪私立《きょうごうしりつ》学校が君臨《くんりん》していたが、智辯学園《ちべんがくえん》高校と天理高校がそれぞれ序盤《じょばん》で敗れ、決勝戦で、桜井高校は奈良大学附属《ふぞく》高校を倒《たお》して甲子園《こうしえん》を決めたのだ。

優勝《ゆうしょう》を決めた瞬間《しゅんかん》、打球がセンターに飛んでゲームセットとなったが、桜井高校のナインたちは誰《だれ》ひとりとして、マウンドで輪を作ったり、ガッツポーズをしたりすることはなかった。淡々《たんたん》と整列して試合終了《しゅうりょう》の儀式《ぎしき》を行った。

これが桜井高校の野球だった。

甲子園《こうしえん》では作新学院高校と1回戦で対戦。中盤《ちゅうばん》の5回に6点ビハインドから3点差に詰《つ》め寄《よ》ったが、後半に入ると、その差をジリジリと広げられ、試合の大勢《たいせい》はついていた。

そんな折、9回表、佐々木《ささき》が代打として、バッターボックスへ向かったのだった。

不思議と緊張《きんちょう》はしなかった。

いつもとは違《ちが》う緊迫《きんぱく》した空気であったのは佐々木《ささき》も感じてはいた。それでも反撃《はんげき》を目指して打席に立ち、初球をフルスイングした。

決して会心の当たりとは言えなかったものの、セカンドの頭を越えた打球は、外野手の手前で弾《はず》むタイムリーとなった。

甲子園《こうしえん》という舞台《ぶたい》。

バッターボックスでは応援《おうえん》の声や音が何も聞こえないくらいに集中できたのだという。たくさんの経験《けいけん》の積み重ねがこの時に帰結したといってよかった。

試合は佐々木《ささき》の後の打者が倒《たお》れてゲームセット。チームは5対17で作新学院に敗《はい》退《たい》し、佐々木《ささき》は甲子園《こうしえん》でタイムリーを放った打席を最後に野球人生に終止符《しゅうしふ》を打った。

その先に生まれたもの

あの夏から4年が経過《けいか》した。

佐々木《ささき》は高校を卒業して、関西《かんさい》大学に進学した。そこで佐々木《ささき》が目指したのは、国際《こくさい》協力だった。「人のために何かをしたい」という高校時代に培《つちか》った気持ちがその後にも活《い》かされ、発展途上国《はってんとじょうこく》の貧困《ひんこん》問題などにフォーカスし始めた。大学を休学しては海を渡《わた》り、発展途上国《はってんとじょうこく》の発展のために尽力《じんりょく》した。

佐々木《ささき》がそれほどの行動力を大人になってからも発揮《はっき》できるようになったのは桜井高校での経験《けいけん》が大きい。

ガッツポーズをしない、礼を徹底《てってい》するなど、他の学校からすれば変わった取り組みは物議を醸《かも》したこともあった。しかしその中でも自分たちのやってきたことをぶれずに続けてきたことが、彼《かれ》の中に信念として息づいている。自分が正しいと思ったことを他人がどう思っていようが貫《つらぬ》く。それが佐々木《ささき》の人生観だった。

佐々木《ささき》はけがの手術をして離脱《りだつ》したことがきっかけで「チームのために何かできないか」という気持ちが生まれ、その中で得《え》られることが大きいということを知った。

「世界を救《すく》いたい」

彼《かれ》が大人になってからの夢《ゆめ》は様々《さまざま》に形を変えながら一つのことでつながっている。人生の中で人の痛《いた》みを知った人物ならではの夢《ゆめ》の描《えが》き方と言えるのだろう。

キャプテンの杉山《すぎやま》と副キャプテンの東は佐々木《ささき》とはまったく別の人生を歩んでいる。杉山《すぎやま》は不動産会社に就職《しゅうしょく》し、東は起業して独立独歩《どくりつどっぽ》の道を歩んでいる。いわば、ボランティアをする佐々木《ささき》とは真逆《まぎゃく》の人生だ。

だが、杉山《すぎやま》と東はいつか佐々木《ささき》と仕事をしたいという夢《ゆめ》を抱《いだ》いているという。お金儲《かねもう》けをして、そのお金で、世界を救《すく》う佐々木《ささき》を支援《しえん》したい——。

異《こと》なるようで、彼《かれ》らの夢《ゆめ》は密《ひそ》かにつながっているのだ。

（文／氏原英明）

STORY. 5

それぞれの投球制《せい》限《げん》

神《か》奈《な》川《がわ》県《けん》立《りつ》市《いち》ケ《が》尾《お》高等学校　野球部

神奈川県横浜《よこはま》市

羽生荘介　Hanyu Sosuke

市ケ尾《いちがお》高校野球部のピッチャーのひとり。右利《き》きのリリーフ。

佐藤陸斗　Sato Rikuto

市ケ尾《いちがお》高校野球部のピッチャーのひとり。羽生《はにゅう》や大脇《おおわき》の後輩《こうはい》。

大脇文仁　Owaki Fumihito

市ケ尾《いちがお》高校野球部のピッチャーのひとり。左利《き》きでエース級。

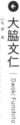

エースになりたい

自分は何のためにブルペンにいるんだろう。

監督《かんとく》が自分には期待していないことはわかっている。それでもなぜか、試合が始まるとブルペンに向かっていた。

チームは全国大会に出場したチームだったが、順列としては3番手投手。エースと野手兼任《けんにん》でマウンドに上がることができる投手がいて、自分はそのあとだ。だから、監督《かんとく》から「頼《たの》んだぞ」と声をかけられることはないのだが、それでもブルペンに走っていた。

羽生荘介《はにゅうそうすけ》の中学生時代は孤独《こどく》との闘《たたか》いだった。

自分はチームの蚊帳《かや》の外にいるという気持ちが強くあり、チームが試合に負けても悔《くや》しいと思えず、中学生時代の野球に良い思い出などほとんどなかった。

「負けても悔《くや》しくない」

ブルペン
野球場にある投球練習場。試合中は控《ひか》えの選手がブルペンで準備しておく。

だから、高校に進学した時には、今度こそエースになりたいという希望を持っていた。チームメイトを見る限《かぎ》り、そんな遠い道のりではなさそうだなというのも感じていた。全国大会に出場したチームの3番手でも、ふつうの公立であるこの市ケ《いちが》尾《お》高等学校だったらエースになれる可能性《かのうせい》はゼロではない。そんな思いを抱《いだ》いていた。

いざ部活が始まると、その考えは間違《まちが》っていた。羽生《はにゅう》は、高校野球も中学生時代と同じように、1人のエースピッチャーが存在《そんざい》して、その座《ざ》を獲得《かくとく》した者だけがマウンドに立つ。争いに敗れれば、中学生時代のような扱《あつか》いを受け入れなければ仕方ないだろうと思っていた。しかし、この学校はいっぷう変わったスタイルを取り入れていたのだ。

球数制限《せいげん》と複数投手制《ふくすうとうしゅせい》。

試合や練習でも1日に投げていい球数が決まっていて、休息の規定《きてい》もあった。試合ではその球数に達すると決まってマウンドを降《お》りなければいけなかった。1人の投手が何試合も続けて100球以上を投げて完投するということがなく、1試合に

マウンド
投手が投球をおこなう、土をもり上げた場所。

複数《ふくすう》の投手がマウンドに上がるということがざらにあった。

もっとも、そうしたやり方に不満はなかった。

「もっと練習で投げてぇよな」

チームメイトの誰《だれ》かがそんな愚痴《ぐち》をこぼしていたが、その気持ちがわからないでもなかったが、それは気持ちがわかるというだけであって、羽生《はにゅう》の中に大きな思いとしてあったわけではなかった。

むしろ、投手が交代しなければいけない結果、出番が増《ふ》えることに、心地《ここち》いい感覚さえ覚えていたものだった。

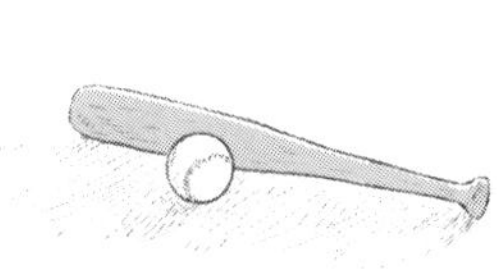

羽生《はにゅう》は、それこそ中学生時代に感じたような疎外感《そがいかん》からほど遠く、むしろ、登板することの責任《せきにん》を与《あた》えられたように感じられて、日々《ひび》の練習に力が入った。

（１回打たれても、また次の登板がある。それまでの間にしっかり練習をすればいいんだな）

そう思ったのは羽生《はにゅう》だけではない。野球部のピッチャーの中には同じような考えを持つものも多かった。

１年が終わったころ、監督《かんとく》の菅澤悠《すがさわゆう》に助言をもらって、右オーバースローからサイドスローに転向していた羽生《はにゅう》は、この環境《かんきょう》の中でエースを勝ち取ろうとしていた。

一方、その羽生《はにゅう》のライバルとなることになったのが大脇文仁《おおわきふみひと》だった。

しかし、彼《かれ》の場合、羽生《はにゅう》とはピッチャーというポジションに対して少し異《こと》なる気持ちを持っていた。

オーバースロー　投手の投げ方の一つで、腕《うで》を肩《かた》より上げてボールを振《ふ》り下ろして投げる投げ方。

サイドスロー　投手の投げ方の一つでボールを横手から投げる投げ方。

野球は楽しみたい

そもそも大脇《おおわき》は市ケ尾《いちがお》高校に入学した際《さい》は投手ではなかった。中学生時代には外野手をやっていて、これといった活躍《かつやく》をすることもなく、好きな野球を高校でも続けようと思って野球部に入った。その時のポジションはそのまま外野をやっていた。

それがある時、監督《かんとく》の菅澤《すがさわ》から突如《とつじょ》呼ばれて、投手をやることになった。

サウスポーで投げる大脇《おおわき》の立ち姿《すがた》がきれいだと感じた菅澤監督《すがさわかんとく》は、野手でレギュラーを目指すより投手にした方が、大脇《おおわき》はこのチームで生きるのではないか、そう思っての提案《ていあん》だった。

「あ、まぁ、はい」

二つ返事ではない。むしろ嫌《いや》だった。しかし、断《ことわ》る大きな理由があったわけでもなく、受け入れることにした。以来、大脇《おおわき》は羽生《はにゅう》とともにエースを争うようになったのである。

サウスポー
野球やボクシングなどスポーツ競技《きょうぎ》における左利《き》き選手のこと。

しかし、ある一時期のことを振《ふ》り返れば、まさか自分がマウンドに戻《もど》ってくることになるとは考えもしなかった。それほどマウンドという場所を遠いものにしようと思っていたのだ。

実は、大《おお》脇《わき》は投手をするのは初めてではない。小学2年生で野球を始めた当初は、左投げということもあり、その特《とく》性《せい》を活《い》かそうとピッチャーもやっていたのだ。だが、ストライクが入らなくて怒《おこ》られてばかり。そんな毎日に、いつしか野球の面白さを感じることができなくなっていた。

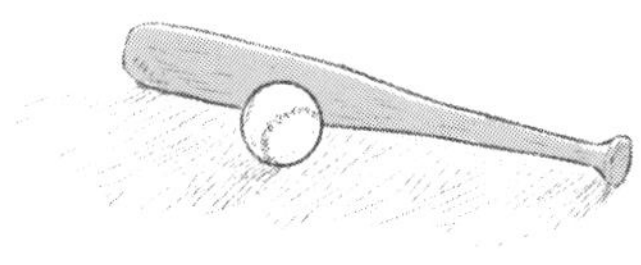

（野球を楽しむためには、もうここに立ちたくない）

大脇《おおわき》は、中学校に入学するとそう決意して外野やファーストを守る野手に専念《せんねん》していたのだった。ところが、市ケ尾《いちがお》高校では再《ふたた》びマウンドに帰ってきたのである。マウンドに立ちたくて仕方がなかった羽生《はにゅう》と大脇《おおわき》とでは、その想いは真逆《まぎゃく》と言っていいくらいに違《ちが》っていたが、市ケ尾《いちがお》高校が取り組んでいる、球数制限《せいげん》と複数投手《ふくすうとうしゅ》制《せい》によって、他の投手とともにエースを争って切磋琢磨《せっさたくま》するということになったのだった。

この2人以外にも野球部に投手はたくさんいた。その中で後れをとったのは、投手経験《けいけん》が浅かった大脇《おおわき》だった。試合で登板する体力をつけるまでに時間がかかり、その後、試合で投げるようになっても、打たれることが多かった。

大脇《おおわき》が幸運だったのは、監督《かんとく》の菅澤《すがさわ》が選手個々《ここ》に対して細かく指摘《してき》するタイプの指導者《しどうしゃ》ではなかったことだった。それこそ、小学生時代のように、ボールを投げるのが嫌《いや》になるほど怒《おこ》られてばかりの日々《ひび》に戻《もど》ることはなかった。菅澤監督《すがさわかんとく》はどの投手にも平等にチャンスを与《あた》えて、成長を待つことを忘《わす》れなかった。投手としての自信はもちろんのこと、体力や技術《ぎじゅつ》が身についていない大脇《おおわき》に対して、無茶な投げ込《こ》みを課したりもしなかった。

ややもすると、大脇《おおわき》のようなタイプの投手はふつうの公立校の中にもたくさんいたのかもしれない。試合で投げれば怒《おこ》られるから、自分に対して自信を持てない。だから、練習で多くの投げ込《こ》みをするように指示《しじ》をされても、ただ投げるだけになってしまい、練習をこなすだけで終わってしまう。

大脇《おおわき》は小学生の時は試合で登板すると必ず100球近く投げたという。登板がない日でも、ブルペンで同じくらいの球数を投げ、チームの活動日の土曜と日曜で合わせればその倍くらいになったというから、自信を得《え》ていない投手からすれば、苦《く》痛《つう》だったに違《ちが》いない。

しかし、市ケ尾《いちがお》高校では違《ちが》っていた。

大脇《おおわき》が普段《ふだん》取り組んだ練習はネットスローだった。

至近距離《しきんきょり》にネットを置いて、自身の投球フォームを確認《かくにん》しながら投げ込《こ》む地道な練習だ。力を入れる必要はないし、そのボールがどこに行こうが関係なかった。たただだ、フォームづくりに専念《せんねん》できたのだ。

(僕《ぼく》にはこの練習が合っている)

そう感じた大脇《おおわき》は一心不乱《いっしんふらん》にネットに向き合ったのだった。まだ試合登板の許可《きょか》が下りていない時から積み重ねていくことで、自分のフォームを確認《かくにん》できる貴重《きちょう》な時間だった。球速もおのずと速くなり、制球《せいきゅう》もついてきた。

大脇《おおわき》のチーム内における投手陣《とうしゅじん》の順列は4、5番目だったが、もくもくと練習を重ねた。そして、試合で登板するようになってからは、数試合に1回は必ず出番が回ってくるため、その機会が大脇《おおわき》の成長の大きなアシストになった。

(次こそはいいピッチングをするぞ。そして、自分の立ち位置を変えてやるんだ)

大脇《おおわき》は打たれるたびにその時の課題を頭に思い浮《う》かべてネットに向き合った。そう繰《く》り返しをしていくうちに、チーム内での順列も上がっていったのである。

制球《せいきゅう》 ねらいどおりに球を投げること。

ピッチ・スマート

市ケ尾《いちがお》高校野球部にこの方針《ほうしん》を取り入れたのは菅澤監督《すがさわかんとく》だ。1987年生まれの菅澤監督《すがさわかんとく》は一般《いっぱん》の高校野球の指導者《しどうしゃ》とは一線を画す方針《ほうしん》を貫《つらぬ》いている。まず、その1つが高校野球では当たり前となっている丸刈《まるが》りをしないということだった。

「髪型《かみがた》は自由にしていいぞ」

2017年に監督《かんとく》を務《つと》めるようになってから菅澤監督《すがさわかんとく》は新入部員にはそう言い続けてきた。ただ、2019年夏の時点ではまだ3年生部員に丸刈《まるが》りが多くいた。大《おお》脇《わき》もそのうちの1人だが、これは過去《かこ》の名ごりを引きずっていたもので、2年生は半数。1年生の丸刈《まるが》りは少数派《しょうすうは》だ。旧態依然《きゅうたいいぜん》とした野球部というのを廃《はい》して、新しい部活動を始めようという指導《しどう》理念が菅澤監督《すがさわかんとく》にはあったのだった。

その理念の中には投手に関するものもあり、それが複数《ふくすう》投手起用と球数制限《せいげん》だった。

そもそも、菅澤監督《すがさわかんとく》がこの理念にたどり着いたのは、世間の趨勢《すうせい》がこれから変わっていくことを感じていたからだ。

ある講演会《こうえんかい》を傍聴《ぼうちょう》しに行った時のことだ。菅澤監督《すがさわかんとく》はアメリカの野球には「ピッチ・スマート」という投手の障害予防《しょうがいよぼう》のためのガイドラインがあるのを知った。メジャーリーグのアカデミーがあるドミニカ共和国やベネズエラなど世界各国が取り入れていて、世界の中・高校生年代は、そのガイドラインの中で育成されていたのだ。

世界の野球界で起こっていたのは投手の投球障害《しょうがい》における問題だった。日本も例外ではないのだが、ひじの靭帯《じんたい》を損傷《そんしょう》、あるいは断裂《だんれつ》する選手があとを絶たず、そのひじの靭帯《じんたい》を再建《さいけん》し修復《しゅうふく》するトミー・ジョン手術《しゅじゅつ》を受ける選手が増加《ぞうか》していた。

けがを患《わずら》う理由は様々《さまざま》挙げられている。そもそも投球フォームが悪いケース、投手が投げる変化球などの球種が靭帯《じんたい》に与《あた》える影響《えいきょう》、あるいは、球速重視《じゅうし》の育成法などである。そのうちの一つとして、声だかに言われたのが少年野球時代からの投げすぎだ。

ガイドライン
ガイドラインでは投手の年齢《ねんれい》に応《おう》じて細かく内容《ないよう》が決められている。

メジャーリーグのアカデミー
メジャーリーグの球《きゅう》団《だん》が運営《うんえい》する下部組織《そしき》のこと。

トミー・ジョン手術《しゅじゅつ》
ひじの靭帯断裂《じんたいだんれつ》に対する手術《しゅじゅつ》のこと。患者《かんじゃ》の正常《せいじょう》な腱《けん》の一部を移植《いしょく》することで患部《かんぶ》の修復《しゅうふく》を図る。

メジャーリーグで高額《こうがく》な契約《けいやく》が結ばれるようになり、才能《さいのう》のある野球選手は幼《よう》少《しょう》のころから注目を浴び、プロ野球選手になりたいがために、さらなる注目を得《え》ようと必死に腕《うで》を振《ふ》る。選手の親やチームの指導者《しどうしゃ》も躍起《やっき》になり、健康問題を度外視《どがいし》して、試合に出場させる。連戦・連投が当たり前になっても、選手は「いい商品」であることを見せつけようとするのだ。

世界中の投手のけがにはそうした背景《はいけい》が潜《ひそ》んでいる。その事実を踏《ふ》まえて、アメリカではメジャーリーグと米国野球連盟《れんめい》がついにメスを入れた。それが「ピッチ・スマート」だった。

ピッチ・スマートはあくまでガイドラインであるため、守らなければいけないというものではないが、野球少年に向けた強烈《きょうれつ》なメッセージとして世界中で認識《にんしき》されるようになったのである。

近年、日本でもそうした「幼少期《ようしょうき》の影響《えいきょう》」が危惧《きぐ》されるようになってきていた。高校野球の頂点《ちょうてん》「甲子園《こうしえん》」の舞台《ぶたい》で繰《く》り広げられる、連投や過度《かど》な投球数での熱投は、感動を呼《よ》ぶ一方で、投球障害《しょうがい》を引き起こす原因《げんいん》として声《こわ》だかに主張《しゅちょう》されるようになっていた。

（ピッチ・スマートを日本の高校野球に取り入れることはできないのかなぁ）

菅澤《すがさわ》監督《かんとく》は、まさに、こうした野球からの離脱《りだつ》を狙《ねら》ったのである。世界中の中学生、高校生における育成方針《ほうしん》を知った時、選手の健康問題について検討《けんとう》しなければならないと考えたわけである。

生徒の健康を守る。それは教師《きょうし》としては当たり前の考え方であるはずなのだが、これが高校野球の世界では珍《めずら》しいとされてきた。

菅澤《すがさわ》監督《かんとく》は高校野球界で革命《かくめい》を起こそうとしたのである。

複数投手制《ふくすうとうしゅせい》

ところで、球数制限《せいげん》の取り組みは、選手の体を守ることだけではなく副産物も生んだ。羽生《はにゅう》や大脇《おおわき》がそうであるように、球数制限《せいげん》によって登板の機会を多くの投手が得《え》られるから、以前まで日の目を見なかった選手に貴重《きちょう》な体験を与えることになったのである。

もっとも、市ケ尾《いちがお》高校の選手たちは、最初から球数制限《せいげん》を大歓迎《だいかんげい》していたわけではなかった。ただ、羽生《はにゅう》や大脇《おおわき》たちは1年生のころからこの方針《ほうしん》に触《ふ》れてきた。エースをずっと務《つと》めてきたような投手からは球数が来た時点で交代させられる不満が出てしまうかもしれないが、他の投手はどんな試合展開《てんかい》になっても出番が回ってくるのだから、出場機会への充実感《じゅうじつかん》が生まれる。

「球数制限《せいげん》は、毎試合、違《ちが》う投手が投げる制度《せいど》」

市ケ尾《いちがお》高校のチーム内ではそういう考えが広まっていき、エースではなくても試合で投げられるから、そこで自分が結果を出せば、スタート時は3番手投手という扱《あつか》いであっても、チーム内での序列《じょれつ》を変えることができたのだ。

大脇《おおわき》はピッチャーとしてはじめは羽生《はにゅう》から後れをとった順列であったのは間違《まちが》いなかった。しかし、ともに試合で投げていくことで、その差がなくなっていったのだった。


ひと冬をこえて成長を見せたのが大脇《おおわき》だった。2年生の春のころから大脇《おおわき》は練習試合などで結果を残し、エース級に成長した。

「投げていくごとに成長が確認《かくにん》できて楽しい」

大脇《おおわき》は成功と失敗を繰《く》り返しながら、毎日の練習に励《はげ》んで、練習試合に挑《いど》んだ。うまくいったこと、そうでなかったことを日々《ひび》整理していく中で、自分の立ち位置を変えることに成功したのだ。

高校2年生の夏、大脇《おおわき》はすべての投手陣《とうしゅじん》を追い抜《ぬ》きエースとなった。

(このやり方だと、疲《つか》れがなくて、全力でできる)

大脇《おおわき》がこの方針《ほうしん》に合致《がっち》していたのは、球数制限《せいげん》があるから、疲労《ひろう》がなく全力投球ができることだった。試合で登板してもその後交代すれば、しばらくボールを投げないことになる。そうなると、選手たちはゆっくり体に休息を与《あた》えようとする。そして、その期間で、自分たちで何が足りなかったかを考えることができるのだ。その結果、次の登板の際《さい》は体がリフレッシュした状態《じょうたい》で臨《のぞ》め、頭の中は問題点の修正《しゅうせい》から目指せるのだ。

(球が速くなってバッターも抑《おさ》えられるようになった。成長できている。野球って楽しいな)

そうして投げるたびに「変わっていくことができた」のが大脇《おおわき》だった。

一方、少しの後れをとってしまった羽生《はにゅう》だったが、同じく高校2年生の夏あたりから巻《ま》き返しを図った。投球フォームの変更《へんこう》、そして、投球スタイルのモデルチェンジがようやく実戦でも通用するようになった。

それまで投球フォームをサイドスローに変えたことで、羽生《はにゅう》は技巧派《ぎこうは》投手になった。キレのあるストレートが投げられるようになったため変化球も活《い》きた。コントロ

技巧派《ぎこうは》投手
変化球や優《すぐ》れたコントロールによって打者に凡打《ぼんだ》を打たせる投手のこと。

ールに自信を持てるようにもなったし、自分なりのピッチングをデザインするということができたのだ。

当然、そうした成長には大脇《おおわき》をはじめとしたチームメイトの存在《そんざい》がある。切磋琢《せっさたく》磨《ま》するという環境《かんきょう》が常《つね》にあったことが羽生《はにゅう》の成長を促《うなが》した。

（1年のころは球が速くなかった大脇《おおわき》が努力して、エースになった。僕《ぼく》もがんばらなければいけない）

モデルチェンジを受け入れられたのも、そうしたチームメイトに負けたくないという思いがあったからだ。お互《たが》いがマウンドに立つための、ギスギスしたようなライバル関係ではなかった。

（大脇《おおわき》にも、他の投手にも、そして、自分にも武器《ぶき》がある）

そう意識《いしき》できるようになり、彼《かれ》自身も変わることができたのだった。

高校2年生の秋は、羽生《はにゅう》がエースナンバーを背負《せお》った。大脇《おおわき》の調子がかんばしくなかったこともあったが、チームにいる投手たちで切磋琢磨《せっさたくま》してきたことが結果としてつながったのだ。

（球数を少なく、抑《おさ》えていく）
羽生《はにゅう》は、そんな思いを抱《いだ》きながらマウンドに上がるのを楽しんだ。そして理想のピッチングができた試合後には、スコアブックをみてはニヤニヤするというのが彼《かれ》の習慣《しゅうかん》になった。それこそ、中学生時代、３番手投手という立場をもらいながらも、疎外感《そがいかん》しかなかった時とはまったく異《こと》なった心理状態《じょうたい》で、野球が楽しくて仕方なかった。

スコアブック
野球の試合経過《けいか》を一球ごとに記録した帳面のこと。

それぞれの思い

高校2年生の冬を越《こ》えると、チーム内の切磋琢磨《せっさたくま》する空気は激化《げきか》した。不調と故《こ》障《しょう》を乗り越《こ》えた大脇《おおわき》がまた力をつけてエースに返り咲《ざ》き、羽生《はにゅう》は少し調子を落として、3番手に落ちたのである。

その間隙《かんげき》を縫《ぬ》って台頭してきたのが、大脇《おおわき》、羽生《はにゅう》と一つ年下のサウスポー・佐藤《さとう》陸斗《りくと》だった。投打にセンスのあふれる期待の下級生だ。

小学2年から野球を始めた佐藤《さとう》は中学校に入学してから投手を始めた。同じ学年にエースとなる選手がいたが、二枚看板《まいかんばん》を形成するくらい実力的には対等で、下級生のころからチームを支《ささ》えていた。区大会では優勝《ゆうしょう》するなど、2人の投手を擁《よう》したチームの実力は高い方だった。

学力的に合致《がっち》したこともあって市ケ尾《いちがお》高校に入学。ところが、野球部入部後まもなくして左ひじを故障《こしょう》してしまう。守備《しゅび》練習をしていた時のスローイングで痛《いた》みが走ったのだ。

故障《こしょう》の原因《げんいん》は中学校時代からの投げすぎだった。強いチームにいた佐藤《さとう》は自分が気づかないところでひじに負担《ふたん》をかけていたのだった。

（期待してくれていた先輩《せんぱい》がいたのに申し訳《わけ》ない）

佐藤《さとう》は故障《こしょう》で離脱《りだつ》した期間はそんなことばかりを考えていた。ただ、故障《こしょう》の恐怖《きょうふ》は佐藤《さとう》の中で大きなものとなっていた。

（投げすぎは良くない）

そう思うようになっていたから、市ケ尾《いちがお》高校野球部の方針《ほうしん》である球数制限《せいげん》はすんなりと受け入れることができた。

もともと佐藤《さとう》は球数が多いタイプではない。打たせてとるのがピッチングスタイルで凡打《ぼんだ》の山を築《きず》く。エースの大脇《おおわき》と同じサウスポーで、ストレートの球速や質《しつ》は劣《おと》ってはいたものの、コントロールは佐藤《さとう》の方にやや分がある。だから、投げすぎになることはそれほど多くはないのだが、それでも、けがが治ってからは慎重《しんちょう》になるようになった。

佐藤《さとう》は高校入学後の公式戦で1度だけ完投勝利を挙げたことがあった。1試合を投げ切ることができた喜《よろこ》びはもちろんあったのだが、そのあとの疲労《ひろう》が彼《かれ》の左ひじに残り、「やっぱり怖《こわ》い」と感じたという。

だから、誰《だれ》よりも「球数制限《せいげん》のルールが自分を守ってくれる」と考えていた。投げることが可能《かのう》な球数の制限《せいげん》がある中で全力で投げる。佐藤《さとう》が先輩《せんぱい》たちの間に入って結果を残せたのも当然だったと言えるかもしれない。

2019年の春を終えた時、大脇《おおわき》・佐藤《さとう》の二枚看板《まいかんばん》ができ上がり、そして、夏を迎《むか》えたころには、その2人を羽生《はにゅう》が支《ささ》えるという投手陣《とうしゅじん》が形成された。2人のサウスポーが交互《こうご》に先発して、1人で投げきれない時は羽生《はにゅう》がマウンドに上がるという流れだった。

これは球数制限《せいげん》を設定《せってい》する中で、チーム内の数多くの投手が登板し、最終的にできあがった投手の役割分担だった。

3番手に成り下がった羽生《はにゅう》は、その立ち位置としては全国大会に出場した中学生時代と同じだ。だが、彼《かれ》の心持ちは180度違《ちが》う。監督《かんとく》に期待されるわけでもなくブルペンに走っていた中学生時代と違《ちが》って、今の自分は必ず登板機会があると覚悟《かくご》してブルペンに向かっているのだ。

(自分がマウンドに行く時は試合の流れを変えたい時か、試合を締《し》めに行く時。プレッシャーがかかるけど、マウンドに行かせてもらえることがありがたい)

そう受け止めていた羽生《はにゅう》は自分が先発できないことへの不満をまったく感じることはなかった。役回りがリリーフばかりになるつらさを感じることも当然なかった。

(先発にも試合を壊《こわ》せないというプレッシャーがある。どちらも一緒《いっしょ》だ)

切磋琢磨《せっさたくま》してきた仲間がいたからそう思えたのは間違《まちが》いなかった。

たくさん登板機会があって責任《せきにん》が増《ふ》えた。その中で戦力になっていかないといけない気持ちが大きかった。チームメンバーそれぞれに武器《ぶき》があるということを感じていて、みんなが協力することで、それぞれの武器《ぶき》を活かすことができる。また、教えあったりすることで自分自身が良くなるという副産物も生まれた。

「本当に自分ががんばらないと伸《の》びない」
毎日、一緒《いっしょ》に過《す》ごしているからチームメイトみんなの努力は見てとれた。そうした切磋琢磨《せっさたくま》できる環境《かんきょう》が羽生《はにゅう》にとっては楽しくて仕方がなかった。エースばかりが投げているチームだと、力の差はどんどん開いていくばかりだが、市ケ尾《いちがお》高校ではともに成長できたのだ。

もっとも、中学生時代との違《ちが》いと言えば、羽生《はにゅう》本人にかかっていた責任《せきにん》のあるなしの違《ちが》いもあった。監督《かんとく》から何を言われるわけでもなかった中学生の時、彼自身《かれじしん》、何を目指していいかわからない暗中模索《あんちゅうもさく》の状態《じょうたい》だったのだろう。希望が見えないままに過《す》ごす日々《ひび》は、練習にただ励《はげ》んでいるだけで、彼《かれ》に責任感《せきにんかん》すら生ませなかったとも言える。

（相手のバッターをしっかり打ち取る、ぶっ潰《つぶ》すつもりでしっかり準備《じゅんび》をする）

羽生《はにゅう》は責任《せきにん》がある分、自分がしっかりやらないといけないと思えたのだった。どんな役回りであっても、主役になって自分というものを作れる。市ケ尾《いちがお》高校の野球は楽しかった。

もっとも球数制限《せいげん》に関して、市ケ尾《いちがお》高校の選手全員が歓迎《かんげい》しているわけではない。それは「勝つための起用」というのが長く野球界に定着していて、抑《おさ》えている投手を一律《いちりつ》に「投球数」で縛《しば》ることに拒否反応《きょひはんのう》を示《しめ》す選手も実際《じっさい》にはいるからである。さらに球数制限《せいげん》のもう1つの問題点として、制限《せいげん》が来ると交代させられるから、いろんな場面の経験《けいけん》が不足してしまうことがある。経験《けいけん》が足りずに一人前の投手になるための時間を要するのだ。

佐藤《さとう》は、「投げすぎることを防《ふせ》ぐためには球数制限《せいげん》があったほうがいい」「チームの投手全員が経験《けいけん》を積めるという利点もあり、その経験《けいけん》を大事にしていけばたくさんのことを学んで成長していくことができる」と思う一方で、「様々《さまざま》なシチュエーションの経験《けいけん》は少なくなる」とも感じていた。この問題点には、佐藤《さとう》はコミュニケーションを大事にすることでカバーしていった。さらに、1つ1つの場面をどうやって抑《おさ》えるかじっくり考えた。あらゆる場面を経験《けいけん》できる機会が少ない分、どんな状況《じょうきょう》でも考える時間が増《ふ》え、自身のスタイルを深めるようになったというわけである。

むかえた2019年夏、市ケ尾《いちがお》高校は1、2回戦を見事に突破《とっぱ》した。1回戦の横浜緑園《よこはまりょくえん》高校・横浜明朋《よこはまめいほう》高校戦は10対0の6回コールド勝ち。大脇《おおわき》が先発を務《つと》めて5イニングを投げ、大差がついたために、羽生《はにゅう》の出番はなく、もう1人の投手である秋元悠里《あきもとゆうり》が締《し》めた。2回戦も打線が好調で13対0のコールド勝ち。先発の佐藤《さとう》は4回を無安打無得点《むとくてん》に抑《おさ》える好投を見せた。5回は秋元《あきもと》と羽生《はにゅう》が1イニングを分け合い、こちらも無安打無得点《むとくてん》で抑《おさ》えた。先発投手の球数を管理しながら2試合に勝利することができ、4人の投手が登板機会を得《え》たのだった。

結局、3回戦で光明学園相模原《こうみょうがくえんさがみはら》高校に敗れたが、この試合では大脇《おおわき》と秋元《あきもと》が登板。守備《しゅび》のミスなどもあって失点を重ねたが、複数《ふくすう》投手を使って大会を戦い終えた。

本来なら、1人でマウンドに立つことが不可能《ふかのう》な選手たちだっただろう。

エースの大脇《おおわき》は小学生時代の経験《けいけん》が原因《げんいん》で野球を楽しむことができないと投手を避《さ》けていたが、高校では希望を見つけ出すことができた。中学生時代は全国大会出場の実績《じっせき》を持ちながら苦しんだ羽生《はにゅう》は、登板のありがたみを感じるようになり、佐《さ》

横浜緑園《よこはまりょくえん》高校・横浜《よこはま》明朋《めいほう》高校戦
2012年から、部員数が8人以下の2校以上の高校が組んだ連合チームでも地方大会や全国大会への参加が認《みと》められた。

イニング
両チームが攻撃《こうげき》と守備《しゅび》を交互《こうご》に行う試合の区切り。1回、2回と数えられ、先攻《せんこう》の表と後攻《こうこう》の裏《うら》の2つで構成《こうせい》される。

藤《とう》は体を守ってくれる野球に喜《よろこ》びをかみしめている。

三者三様の野球人生が生まれた。球数制限《せいげん》という、今の時代において必然的になりつつあるルールを、世間に先駆《さきが》けてチームに「取り入れた市ケ尾《いちがお》高校野球部だからこそ生まれた投手陣《とうしゅじん》だった。

3人は世間が注目するような大投手ではない。しかし、けがをしなかった彼《かれ》らの野球人生はまだ終わりを迎《むか》えていないという事実もしっかりある。

(甲子園《こうしえん》での熱投や投げ込《こ》みはすごいなぁ)

大脇《おおわき》はそう感じることもある。しかし、それで、もし、けがをするならそれも嫌《いや》だとも思う。実際《じっさい》、けがをして投げられない時期があり、その時はつらかったから。

(けがをしなければ、チャンスは常《つね》にある)

羽生《はにゅう》と大脇《おおわき》は高校を卒業をしたが、佐藤《さとう》の高校野球はまだ続いている。球数制限《せいげん》と複数投手制《ふくすうとうしゅせい》の中で切磋琢磨《せっさたくま》した彼《かれ》らは思った。

(野球は楽しい)

(文/氏原英明)

青春サプリ。——自分を変えてくれる場所

STAFF

STORY. 1
見えない壁を越こえて
文：
安藤隆人
Takahito Ando
岐阜県生出身。サッカージャーナリスト、ノンフィクションライター。
主な作品に『そして歩き出す サッカーと白血病と僕の日常』（徳間書店）等。

STORY. 2
何ものにも勝る思い
文：
菊地高弘
Takahiro Kikuchi
東京都出身。野球を中心に活動するフリーライター、編集者。
主な作品に『下剋上球児～三重県立白山高校、甲子園までのミラクル』（カンゼン）等。

STORY. 3
夢には続きがある
文：
安藤隆人
Takahito Ando

STORY. 4
痛みを知ったゆえに
文：
氏原英明
Hideaki Ujihara
ブラジル生まれ。高校野球を中心に活動するスポーツジャーナリスト。
主な作品に『甲子園という病』（新潮新書）等。

STORY. 5
それぞれの投球制限
文：
氏原英明
Hideaki Ujihara

絵：くじょう Kujo　静岡県出身。イラストレーター。

装丁・本文デザイン：ナオイデザイン室

青春サプリ。

――自分を変えてくれる場所

2020年4月　第1刷
2024年4月　第5刷

文：安藤隆人・菊地高弘・氏原英明
絵：くじょう

発行者：加藤裕樹
編集：崎山貴弘・柾屋洋子・堀創志郎
発行所：株式会社ポプラ社
〒141-8210　東京都品川区西五反田3-5-8
JR目黒MARCビル12階
印刷・製本：中央精版印刷株式会社
装丁・本文デザイン：ナオイデザイン室

ISBN 978-4-591-16574-4
N.D.C.916　175p　19cm

P7218004